Pierre Ozias Gagnon

À Justine et Jean
que j'ai eu beaucoup de plaisir
à voir au conventum et au
Salon du livre de Montréal.
Bonne lecture.
Dites moi quels poèmes
vous avez particulièrement
aimés

UNIVERS
CITÉS

Pierre O Gagnon
90-11-18

Éditions pour tous

DU MÊME AUTEUR

Roman   À la mort de mes vingt ans / Éditions du jour
            1968 — 134 pages

Illustration de la couverture :
Jeannine Bourret
Univers Cités

Dépôt légal
Bibliothèque nationale du Canada
Bibliothèque nationale du Québec
© Éditions pour tous
© Pierre Ozias Gagnon
4e trimestre de 1990
Tous droits réservés

ISBN 2-9802131-0-1

UNIVERS CITÉS

PLUS DE
VINGT ANS
DE POÉSIE
DE GRAND CHEMIN

Pierre Ozias Gagnon

UNIVERS CITÉS

— SANTÉ
— PAIX
— AMOUR
— INTELLIGENCE
—ARGENT

Éditions pour tous

UNIVERS CITÉS

«De la poésie à fleur de peau
qui reste entre les pores,
pour vous habiter.»

«Tout a été dit. Mais pas par moi.»

SANTÉ

à la misère humaine

mon frère ma soeur
du fond de ma douleur
je crie vers toi
de mon lit d'hôpital
où tu ne viens pas
de peur d'être frappé
par la solitude de mes draps
la blancheur de ma peau
la maigreur de mes os
le souffle court de ma souffrance
qui me parcourt
de bas en haut
de haut en bas
dans toutes les directions
dans tous les sens
et que je ne peux partager
avec personne
même pas quelques instants
pour reprendre mon souffle
reprendre ma vie reprendre ma voix
de mon lit d'hôpital où je suis cloué
du fond de ma douleur
mon frère ma soeur
je crie vers toi
je t'implore viens prendre soin de moi
apporte-moi des nouvelles des miens
de tous ceux que j'aime bien
qui ne savent plus où me trouver

qui m'ont déjà casé
oublié rejeté
pose ta main sur mon front
fais-moi connaître encore
la chaleur
chasse les frissons qui s'installent
enlève-moi le mal que j'ai
d'être seul
dans un lit
défait pour n'importe qui
défait comme moi
ma douleur est anonyme
parce qu'elle ne t'atteint pas
mon frère ma soeur
du fond de ma douleur
je crie vers toi
de ma chaise roulante
qui se déplace à petits pas
dans le brouhaha des corridors
des trottoirs surpeuplés
où tu ne me vois pas
moi qui roule vers toi
je lance de ma voix
malhabile
avec mes gestes tordus
comme mes doigts
un appel au secours vers toi
mon frère ma soeur
j'ai autant besoin d'amour

que toi
je suis une ombre
devenue
dans la solitude de la cohue
tu te détournes
pour ne pas me voir
mieux m'oublier
moi qui pourrais bien être toi
toi qui pourrais être moi
mon frère ma soeur
regarde mes yeux
tout au fond gît ma détresse
tout au fond tu me découvriras
j'ai le coeur grand
comme le monde
toi aussi tu peux y entrer
venir me consoler
causer d'amitié
mon frère ma soeur
du fond de ma douleur
je crie vers toi
des bancs publics
où je me couche parfois
pour oublier la pluie et le froid
pour oublier que j'existe
moi qui suis drogué clochard
robineux
qui te tends souvent
ma main sale de mendiant
en passant

que tu repousses sans même
la voir
au coin des rues dans les parcs
dans les centres d'achat
dans le métro
où je quémande mon pain
pour me nourrir
le ventre qui crie
toujours famine
qui a toujours soif
qui m'a ruiné
qui a tout pris
mon honneur ma fierté
ma réputation
mes amitiés
que suis-je pour toi
qui ne me vois pas
que ma présence gêne
en ces lieux où tu te trouves
en même temps que moi
gratte mon enveloppe
entre avec moi dans
ma boîte crânienne
tu verras comme cette maladie
m'a rendu semblable
à ce que tu pourrais être
à l'ombre qui se dessine
peut-être autour de toi
j'étais riche j'étais marié

14

j'avais tout
je n'ai plus rien
rien que cette soif qui m'habite
cette soif de profiter des derniers
instants qui me sont alloués
pour m'enfoncer
corps et âme corps et biens
avec le seul bien
qui me reste
dans les marécages
insondables
où j'entends des voix
qui m'appellent où je vois
dans le brouillard
des mains des mains qui s'accrochent
à moi des mains tendues vers moi
qui sortent des murs
qui à leur tour me demandent la charité
avec ma propre voix
ils sont là les miséreux
plus nombreux que moi
prisonniers des murs qui m'habitent
et qui t'habitent à la fois
mon frère ma soeur
du fond de mon abîme
du fond de ma douleur
je crie vers toi
je t'en supplie aide-moi
mais tu ne m'entends pas

astrale rencontre

rencontre avec l'alcool
et la drogue
sur le boulevard du crime
brouillards entremêlés
qui départagent les rêves
pluie de larmes de sang
contre la terre assoiffée
de nos désirs
interrompus juste à temps
par la morsure du temps
qui passe
la réalité croque
tous nos rêves
et nous voici aussi nus
qu'aux premiers jours
alors que l'amour
faisait en nous
ses premiers pas
et nous amenait
aux confins ultimes
de nos espaces sidéraux
intérieurs
que nous révélons au monde
lorsque nous parlons de nous
avec des mots mal appris
qui jaillissent
de source

comme l'eau de tes yeux
que je prends pour de la pluie

corps d'haleine

courir hors
d'haleine
jusqu'à l'extrémité
de soi
être à chaque
respiration
au bout
de son souffle
mais tenir
courir jusqu'à
l'autre bout
de soi
et laisser derrière
soi
un sillage
de sueurs
et la trace de ses pas
futile
dans l'air

être mort

être mort
ne plus être vivant
ne plus exister
n'être plus rien
qu'un objet de ferraille
déshumanisé froid inanimé
ne plus avoir d'idées
dans la tête
être
un amas de chair
désordonné
sans âme
sans souffle de vie
un être vivant de moins
sur la planète
dans le capharnaüm
de la vie
rejeté
sur le rivage
du temps
quelque part
d'où personne
ne revient

euthanasie

la solitude
du bout de la vie
nous attend chacun
d'entre nous
pour nous bercer
dans ses bras
c'est elle
qui nous accompagnera
le soir ou le jour
de notre instant d'adieu
aux gens et aux choses
de ce monde
qui comptaient tant
pour nous
à certains moments
de notre vie
et qui maintenant
ne nous font plus un pli
quand les souvenirs
nous laissent eux aussi
ces souvenirs si attachants
qui nous rappelaient
ce que nous étions
il n'y a pas si longtemps
à quoi sert de serrer les dents
sur son passé
à quoi bon

continuer son chemin
là où les fleurs les arbres
sont absents
quand il ne nous reste plus
à peine
que la force de vieillir
un peu plus chaque jour
quand on ne voit plus
ses propres enfants
et ses petits enfants
que de temps en temps
quand notre univers se résume
à une chambre étroite
à une table et un lit
que nous n'avons pour amis
que d'autres aussi décrépits que nous
et que notre destinée
n'est plus qu'un soleil couchant
est-il maintenant temps
de faire partie de la lumière
et de s'en aller
retrouver notre solitude
qui nous attend
au bout de nos pas
la question posée
nous n'y répondons pas
nous laissons faire
nous laissons aller
demain est toujours là
et nous y sommes habitués

le quotidien venu
nous le vivons
nous nous y agrippons
nous le broyons
entre nos dents
nos mâchoires fragiles
usées par le temps
nous l'avalons
le déglutissons
l'assimilons le digérons
et le renvoyons
d'où il était parti
dans la poussière
et le vent
et le cycle de la terre
et du soleil levant
se poursuit
dans la grande course
d'en avant

fleur qui se fane

fleur qui se fane
n'attend plus l'aurore

haute pression

haute pression
due au stress de vivre
hypertension
lorsque la tension de l'existence
se mesure
en milligrammes
de mercure
et qu'à la lecture
on vous dise
165 sur 110
vous allez trop vite
intérieurement
le précieux liquide du sang
franchit vos artères
vos veines
et vous inonde
de ses bienfaits
mais il y met
trop de pression
c'est là le mais
mais qui sait
si vous ne faites pas attention
vous pourriez
vous diriger tout droit
vers l'infarctus
du myocarde
et rompre avec votre sourire

connaître la douleur
de mourir
un éléphant
appuyé contre
votre poitrine
des élancements
sans fin dans le bras
l'épaule ou le dos
do ré mi fa
ne faites pas le fat
et mettez-y de
la chimie
les bêtabloqueurs
diminueront
le nombre de vos battements
la pression dans la tuyauterie
baissera de quelques crans
ayez aussi du cran
si vous ne voulez pas connaître
d'accident cérébrovasculaire
et vous retrouver le derrière
dans un fauteuil roulant
paralysé pour la vie
dans un lit
ou à moitié légume
prenez vos médicaments
qui coûtent une fortune
et vous laissent
plus ou moins amorphe
vous coupent votre

enthousiasme à la racine
et vous endorment
au volant de votre vie
le mélange concocté
par la médecine
n'est pas parfait
cela n'est un secret
pour personne
mais c'est ce qui se fait
de mieux
contre l'hypertension
attention à vous
suivez votre régime
le sel et le café
vous sont condamnés
le sucre contient trop
de calories
attention aussi
à votre poids corporel
faites disparaître
l'excédentaire
vous n'aurez plus à le porter
faites également de l'exercice
changez votre régime de vie
métamorphosez-vous
en Adonis
soyez le plus beau
le mieux musclé
le mieux fait

pour vos beaux yeux
à vous surtout et ceux
de votre femme et de
vos enfants ensuite
soyez un élément d'esthétique
dans votre environnement
ne déparez pas le paysage
avec vos gros os
vos poches en dessous des yeux
et votre graisse
qui vous fait votre bedon
soyez élégant
faites votre propre marketing
vous améliorerez votre standing
toutes ces résolutions
vous les prenez aujourd'hui
il ne reste qu'à les tenir
tous les jours de votre vie
sans accepter de tricherie
soyez fort comme le roc
dur comme la pierre
même si vous aimez les gâteaux
n'en mangez pas
haro aussi sur le vin
finis les coqs au vin
et la bière
la nourriture grasse
et les fèves au lard
le beurre qui adoucit
le pain et les beignets

tout ce qui n'est pas bon
pour vous demain
mais qui aujourd'hui
vous plaît
vous flatte le palais
vous fait pourlécher les babines
votre ventre a pris
trop de place dans votre vie
remettez-le à sa place
et vous vous direz merci
à vous-même
la reconnaissance
ça commence aujourd'hui

la bombe

la bombe
te bat aux tempes
l'entends-tu
c'est la vie
c'est le sang de la vie
qui circule
dans tes artères
qui s'abreuve à ton ventre
qui tire de ton ventre
ses ressources
et le fluide va
jusqu'à ton cerveau
il irrigue chaque cellule
chaque recoin de toi
chaque veine
tu as de la veine
de vivre
d'explorer le monde
avec tes sens
le sixième est le bon
c'est celui-là qui te reste
quand les autres s'en vont
pour de bon
porte un toast à la vie
ta grandiose petite vie
que chaque jour
tu t'apprêtes
à vivre

sans y faire attention
la bombe à tout moment
peut en avoir raison
sans avoir à donner
de raisons

la maison truquée de notre vie

la maison truquée de notre vie
piège hermétique et insoluble
aux longs corridors sans lumière
aux portes trop souvent closes
aux escaliers verticaux
précipices de souvenirs
aux chambres étonnamment soyeuses
où repose le lit de nos amours
inéluctables
aux salles immenses où entre
à peine le jour
de nos rêves et de nos espoirs
au grenier saccagé
par les heures et les souffrances
où la vieillesse usée
sur une chaise branlante
parmi les toiles d'araignée de nos rides
attend à la lucarne le dernier soleil

la mort est une araignée

la mort est une araignée
qui a profité
de chacun des jours
de notre vie
pour mieux nous ficeler
nous emmitoufler
dans sa toile
dont il est difficile de se dépêtrer
et nous voilà
avec l'autre que nous aimons
par dessus tout
confinés dans les bras
de la vieillesse
confinés à en devenir fous
à notre chambre
à notre table
à notre lit
confrontés au passé
aux souvenirs qu'il recrée pour nous
à attendre patiemment encore
l'araignée de la mort
qui viendra nous libérer
de sa toile et nous propulser
dans les étoiles

l'angoisse

l'angoisse est
une sentinelle
qui nous garde
sur le qui-vive
nous empêche
de fermer les yeux
sur notre passé
et nous fait voir
le vilain côté
de l'avenir
l'angoisse habite
en nos murs
la cage thoracique
est son terrain de jeu
notre respiration
haletante s'exaspère
à en avoir le souffle
court
jusqu'à ce qu'il se coupe
et nous libère
de notre passion
de vivre

la vieillesse catacombe

la vieillesse
catacombe
m'habite
toutes les fibres
de mon corps
et toutes les cellules
de ma peau
sont des entonnoirs
où elle entre
la grande meurtrière
dévastatrice
sournoise
que l'on n'entend pas
trop préoccupés
de vivre
à son insu

le cancer

le cancer s'est installé
dans ma vie
pour y rester
il est entré
sans être remarqué
par la fenêtre la moins bien gardée
s'est mis à l'aise
a fait comme chez lui
et a commencé méthodiquement
à me manger
il a progressé
lentement
par le dedans
avec ses microscopiques petites dents
de prédateur invisible et gourmand
minuscules bosses
impalpables tumeurs
les bonnes cellules du corps
y passent
l'envahisseur m'envahit
et pour le freiner on coupe
dans ma chair
on la bombarde de rayons
on la brûle à la chimiothérapie
mais lui il se moque il en rit
il est bien à l'abri
dans ma substance et ma peau
quand le cancer

aura pris toute la place
et que je me serai fait
incroyablement faible et petit
je partirai avec mon baluchon
de rêves qu'il ne m'aura pas pris
m'installer peut-être dans
une autre vie où le cancer
n'existe pas où il y a plein
de mes amis qui font la foire
en m'attendant mais en attendant
je me bats de toutes mes forces
contre ce mortel et invisible ennemi
qui n'a d'autre but
dans la vie
que de me prendre ma vie
et de l'emporter avec lui

le fun est commencé

le fun est commencé
tout le monde est rassemblé
pour le grand party
le grand party de l'année
les enfants sont là
les petits enfants aussi
tous de noir sont habillés
ils ont pris
un visage d'enterrement
pour l'occasion
dans l'église
le curé
raconte son bla bla
sur les départs
les arrivées
après tout c'est lui le berger
les âmes se promènent de vie
à trépas dit-il
youpi pour l'au-delà
rien ne se perd
rien ne se crée
il en est mort trois
cette semaine
mais quatre sont nés
sans trop de peine
la vie est au crédit
la balance est positive
le petit village est content

le comptable céleste
n'a pas été trop gourmand
il a donné plus qu'il a pris
alors là ce départ
c'est ce qui pouvait
arriver de mieux
surtout pour les survivants
le vieux était plein
à l'os
il avait de l'oseille
mais aussi de bien
grandes oreilles
le fun est commencé
il y a de quoi s'égayer
seule la petite vieille
qui tremble de la main
a les yeux mouillés
son jules est parti
le premier
ça va être difficile
de rester toute seule au pieu
son compagnon de jeu
de peine et de misère
a levé les pieds
le premier
il est parti hier explorer
d'autres galaxies
alors elle verse
une grosse larme

pour lui
qu'elle aimait très fort
après tout
tout le monde à genoux
prions pour son âme
son âme immortelle
qui s'est envolée
dans les grandes poubelles
de l'éternité
le fun est commencé
les funérailles sont terminées
chacun rentre chez lui
chacun rentre chez soi
qui sera le prochain
sur la liste
est-ce toi
est-ce moi
nous y passerons tous
c'est certain
en attendant
reverse-moi du champagne
que je boive
à la santé de l'humanité
et à notre destin

le passé déforme la jeunesse

le passé déforme
la jeunesse
quand il y en a trop
d'accumulé dans nous
voici venir la vieillesse
qui s'installe dans notre peau
bat plus fort que nous
dans chacun de nos pores
jusqu'à ce que le grondement
du temps tombe sur nous
nous déracine
et que l'arbre
de la vie se décime
loin de ses racines
et s'abîme dans l'abîme
du sommeil

le printemps tisse sa toile

le printemps tisse sa toile
et l'araignée
sa souricière
entre les branches
et les corridors
pièges
qui nous attendent
à tous les détours
de notre vie
que nous voyons
toujours
en contre-plongée
comme une ligne
droite invariable
qui pèse trop lourd
vers le bas

les astres sont loin de nous

les astres sont loin de nous
quelqu'un les a mis à l'abri
pour les protéger
de notre étreinte
et de notre mauvais goût
vierges ils errent
dans la nuit des temps
selon un mécanisme
secret
que nous parvenons
à déchiffrer par miette
le temps
d'une vie à l'autre

les cicatrices du temps

les rides
les cheveux blancs
les mains plissées
les crânes dégarnis
les lunettes sur le nez
la canne à la main
les tremblements
les maux de dos
la vieillesse avec l'âge
les pertes de mémoire
les oublis
les regrets
la solitude
seul ou à deux
les cicatrices du temps
que le temps nous a laissées
en passant
petit à petit
depuis le temps
où nous étions si petits
dans les bras de nos parents
jusqu'à maintenant
où nous sommes devenus
si grands
si vieux
que ce monde
ne nous va plus
comme un gant

que c'est lui
à présent
qui nous dit
que notre temps est fait
que notre temps est venu
de dire adieu aux siens
comme à soi-même
en se couchant
une dernière fois
dans son lit
sans peur de la nuit
parce que tout est bien ainsi
et que c'est la vie
portée à son comble
qui nous apporte
la liberté
de quitter ce monde
sans regrets
sans larmes
comme il se doit
comme nous sommes nés
sans savoir pourquoi
sans connaître notre destinée
mais toujours
en recherchant la vérité
sur l'origine du temps
sur notre commencement
et notre aboutissement

les nuits sont sans histoires

les nuits sont sans histoires
depuis
que je dors à peine
déjà les cauchemars enfantins
ne sont plus d'ici
il n'y a pas assez d'ombre
partout où je vais
jaillissent les cristaux de neige
ou de givre aux vitres de ma mémoire
dans l'effervescence d'un sourire
à moitié figé par le temps médiocre
j'ai pris croqué craché le venin des
destinées
la valise dans la main
oublieux même du départ
je resterai peut-être
voyageur attardé dans l'illusoire
il n'y a plus rien à créer
si ce n'est la mort
mais je n'en veux pas encore
je remets toujours trop à demain

le souffle du vent

respirer à pleins poumons
c'est emprunter son souffle
au vent pour un instant
c'est un échange
continuel et fraternel
entre lui et nous
il nous prête
et nous lui rendons
à chaque inspiration
nous nous oxygénons
l'air plein les poumons
le souffle du vent
au coeur de nous
et ainsi file le vent
ainsi va la vie
jusqu'au dernier moment
qui emporte
notre dernier souffle
avec lui
et le remet au vent

les quatre saisons du coeur

les quatre saisons
du coeur
commencent par le printemps
qui bourgeonne en nous
par la vie qui s'installe
en nous
nous fait émerger du froid
qui nous entoure
de ses bras
les quatre saisons
du coeur
se poursuivent
durant l'été
qui nous arrive
avec le soleil
les longs jours
qui nous remplissent
d'amour
et qui nous font
apprécier la vie
qui bat
les quatre saisons
du coeur
entraînent avec elles
l'automne
et la féerie de couleurs
qui s'ensuit
avant que novembre

n'arrive et nous prive
du doux temps
qu'il n'y a pas si longtemps
nous faisait tous les deux
chavirer
les quatre saisons
du coeur
se terminent avec l'hiver
et son manteau d'hermine
lorsque l'hiver se produit
vraiment
dans nous
fige nos membres
met du frimas
dans notre haleine
lorsque le blanc
de nos cheveux
tombe de partout
et que la terre
de givre et de neige
s'agite sans fin
sous les balais
du vent

mine de rien

mine de rien
les crayons s'usent
les enfants grandissent
les yeux se plissent
la vieillesse arrive
et le corps dérive
la vie est faite
de souvenirs ténus
qui beau temps
mauvais temps
naissent avec le soleil couchant
et l'amour rayonne
dans toutes les avenues
qui donnent sur les océans

nous sommes tous des bombes à retardement

nous sommes tous des bombes
à retardement
dans notre coeur
l'étincelle atomique
est allumée
c'est un souffle de vent
qui nous habite
et s'exprime dans notre cage
thoracique
l'horloge parfois s'affole
à trop faire les cent coups
usée ou pressée par le temps
qu'elle étire
selon un mécanisme secret
connu seul de l'horloger
l'élasticité du muscle
varie au compte-tours
de nos jours
et le souffle de vie
va et vient entre nos parois
quand il s'éteint se brise éclate
c'est l'émoi
c'est l'effroi

nous vivons tous entourés d'inconnues

nous vivons tous
entourés d'inconnues
avant et après
deux énigmes farfelues
où étions-nous
avant notre venue
et maintenant
que nous sommes
où irons-nous après
nos propres pas nous consomment
et nous portent
vers l'inconnu
d'un instant à l'autre
l'engrenage des secondes
poursuit sa ronde
et tisse de son fil ténu
son inévitable toile
autour du monde
le passé
habite nos vies
bien à l'aise
il a fait son nid
dans notre peau
et nous le transportons
avec nous
comme un souvenir
impossible à définir

il est là
bien ancré dans nous
il se rappelle à nous
nos souvenirs
forment notre passé
et notre passé
c'est notre histoire à nous
celle qui sans cesse
murmure notre nom partout
du matin jusqu'au soir
qui s'agite la nuit
dans les tiroirs de notre tête
qui ensemence nos rêves
nos cauchemars nos illusions
notre passé c'est l'ombre
que nous projetons sur nous
c'est l'histoire qui s'écrit
derrière nous
avec notre sang
en lettres de feu incandescent
et qui clopin clopan
avec le temps
nous consume

partir sans mot dire

il est mort
du cancer du foie
parce qu'il voyait
la vie cirrhose

phase terminale

phase terminale
les beaux jours
ne sont plus
que du passé
l'animal se débat
ne supporte pas
le mal
le corps difforme
reste pantois
et l'âme
emprisonnée à tort
cherche une issue
dans l'imbroglio
des chairs désordonnées
souffrantes
à hurler de peine
la respiration haletante
soulève la poitrine
mais est-ce un souffle
ou le trépas
l'avenir est lié
à la seconde qui vient
et la seconde c'est cet instant
où je te tiens la main les sanglots
dans la voix
les larmes qui déboulent
de mon coeur

en passant par mes yeux
je ne vois que ma douleur
puisque je reste
pour nous deux

trou noir

le désespoir
est l'échappatoire
des assassins
de la vie
sans espoirs
ils ne broient
que du noir
les ténèbres
sont leurs lits
ils s'y enfouissent
toutes les nuits
entre leurs cuisses
ne glissent
que leur ennui
pelotonnés
contre le froid
de leur vie
ils attendent
la chaleur
de la mort
le doigt sur la gâchette
la roulette russe
est le seul jeu
qui leur reste
la chance qu'ils ont
c'est de ne pas gagner
à tous les coups

le coup de feu
qui s'en vient
soufflera l'étincelle
que quelqu'un a mis dans leur tête
et sous le choc sur son socle
la chandelle
vacillera
et s'éteindra
le petit trou noir
a laissé filer
leur désespoir
qui coule goutte
à goutte
sur le ravissant
tapis

un jour ou l'autre

un jour ou l'autre
la peine
s'installe
au beau milieu d'entre nous
elle vient nous trouver
après nous avoir cherchés
parfois pendant des années
mais telle est la destinée
un jour ou l'autre
dans un détour
elle se prépare à nous attraper
et nous mord le coeur
à belles dents
c'est un être cher qui s'en est allé
un époux une épouse
un fils une fille
un enfant chéri un amour
un accident est si vite arrivé
et la vie si vite passée
un jour ou l'autre
la peine vient frapper
à notre porte
mais le plus souvent
elle entre sans frapper
et nous voici
confrontés à notre réalité
confrontés à notre peine

surhumaine
qui nous fait verser
des torrents de larmes
qui nous fait prendre
notre tête à pleines mains
et pleurer des jours
et des nuits durant
notre peine
c'est une mer à traverser
une maladie à terrasser
une présence à oublier
notre peine
c'est notre lot
que nous ne pouvons
partager avec personne
c'est l'orage
qui se lève sur notre vie
et qui nous traverse
de part en part
qui nous laisse tout petits
même après son départ
mais une fois passée
avec le temps
notre peine
c'est aussi
c'est surtout
le beau temps
qui assèche tout
et qui luit de nouveau
puis petit à petit

un jour ou l'autre
parce que la vie doit continuer
on sait que la peine est partie
quand nous l'avons quittée

vivre comme un esquif

vivre morcelé
comme un esquif
ballotté par les vagues
au gré du temps
du mauvais temps

PAIX

à petits pas

à petits pas
la vie avance
de l'aube au trépas
le parcours est sinueux
les lignes droites
sont toujours derrière nous
faciles à expliquer
et le point de fuite
sautille au bout de nos yeux
pupille noire
dans l'inconnu
comme notre ombre
que nous répandons autour de nous

à tire-d'aile

l'été s'en vient
à tire-d'aile
quand il s'envole
arrive l'automne
dans sa robe de feux
c'est la beauté
qui auréole
l'hiver et son cortège
de neige
blanc filament
sous un ciel saupoudré
de flocons scintillants
s'installe sur les maisons
aux toits accueillants
les arbres nus
dans le creux
de leurs branches
abritent les flocons blancs
qui les parent
d'une beauté
subtile et glacée

au quarantième

en regardant par la fenêtre
du haut de mes quarante ans
au quarantième étage
de ma vie
je me vois à l'horizon
alors que j'étais petit
point de fuite grandissant
au bout de mes yeux
puis me voilà enfant
avec mes frères et mes soeurs
avec mes parents
devant moi mon enfance
se déroule
comme un spectacle que je redevine
avec les yeux du coeur
et les années passent et déboulent
était-ce un rêve
était-ce bien moi
ma mémoire fragilement
en fait foi
et me voilà
au quarantième
dans mon gratte-ciel
à moi
que j'ai construit
avec les ans
et qui s'élève
autant que moi

aussi fragile
que mes tempes grises
barrières
contre les bourrasques
et le vent froid
qui tout à coup
se lèvent sur moi

celui qui a créé la mer

celui qui a créé la mer
devait avoir de bien grands yeux
et une immense peine
pour avoir creusé
de ses larmes salées
les océans du monde

cet arbre est digne de foi

cet arbre
est digne de foi
il plonge ses racines
dans la terre
comme autant de bouches
enfouies
à la recherche
de la vie
et ses branches
s'agitent au soleil
bercées par le vent
par tous les temps
silhouettes dans
la nuit
gesticulante
en verra-t-il passer des jours
en verra-t-il passer des nuits
cet arbre à côté duquel
j'ai grandi
clopin-clopan
c'est mon témoin
il peut témoigner
de moi
avec ses grands bras
et son tronc mutilé
qui a épousé
la forme des jours
naissants

la forme
de mes espoirs
d'enfant
mais l'adolescence
est venue
et aussitôt venue
elle s'évanouit
pourvu qu'on ne lui
enlève pas la vie
cette vie en dents de scie

chaque seconde qui passe

chaque seconde qui passe
est un hymne au temps
au temps qui passe
qui s'accumule avec le temps
entendez-vous
la harpe du temps
ses notes perchées dans le vent
c'est un souffle
un soulèvement
de notes frêles
de notes aiguës
pointées vers le firmament
et son grand chapiteau blanc
pointu
sous le grand chapiteau
de notre univers ambulant
nous sommes les animaux
savants
nous faisons partie
de notre cirque où nous jouons
tous les jours
notre vie
sur la corde raide
comme des funambules
sans ailes
nous avançons dans le temps
un faux pas
sur le plancher glissant

et nous partons dans
les étoiles
faire connaissance
avec l'infini du temps
qui crépite dans notre tête ·
comme un feu dévorant

cité

cité de papier
de béton d'acier
cité père cité mère
cité de verre
aux multiples reflets
comme nos âmes intérieures
merveilleuse cité
que nous habitons
aboutissement ultime
du génie de l'homme
dans sa grandeur
et sa décadence
et sa misère honteuse
d'arrière-cours
de fonds de bouteilles
et de seringues sales
éventail de la nature humaine
dans sa variété la plus profonde
cacophonie de bras de jambes
et de têtes de voitures ailées
de pollution chimique
tout cela sous un ciel bleu
gris nuageux argenté d'étoiles
saupoudré de neige
barbouillé de pluie
macadam
sur le macadam le clochard
est tombé

74

face contre terre
et en même temps que sa vie
son journal est parti au vent
s'en est allé sans lui
cité de papier
de béton d'acier
cité père cité mère
cité de verre
aux multiples reflets
comme nos âmes intérieures
nous sommes
tes enfants perdus

d'abord

d'abord un commencement
ensuite une fin
et quelque part
entre les deux
nous y sommes
quelques-uns au début
quelques-uns vers la fin
nous occupons notre ligne
de vie qui se détache
de notre main
serait-ce déjà demain
jour prédestiné
où nous deviendrons
ce que nous sommes
un point sur l'axe du monde
dans la chaleur retenue
de la terre et la senteur du bon grain
est-il déjà trop tard n'est-ce pas
plutôt hier qui se dessine
nous encercle nous cerne
et nous gobe
particule partie de la vie
maintenant trop petite
pour faire partie de l'histoire

dans la fleur de l'âge

fauchées
dans la fleur de l'âge
quatorze jeunes femmes
ont perdu la vie
de façon violente
de façon inouïe
dans une École Polytechnique
où elles apprenaient
différents génies
un fou est entré
une arme à la main
et les a abattues
comme ça
dans un geste haineux
tout à fait gratuit
il en voulait
aux féministes
et il s'en est pris
à des étudiantes
qui ne lui avaient rien fait
leur seul tort était
d'être là au mauvais moment
pourquoi fallait-il que le sort
tombe sur ces enfants
il a dit les garçons d'un côté
les filles de l'autre
ça ne faisait pas sérieux
jusqu'à ce qu'il tire

au plafond
il a dit ensuite
aux gars de sortir
puis les filles
il les a abattues
à bout portant
dans un indescriptible
carnage de balles et de sang
qu'il a poursuivi
dans les corridors
et sur d'autres étages
jusqu'à devenir
son propre meurtrier
à s'enlever lui-même la vie
en se faisant sauter la tête
celle qu'il n'avait plus
quand il est entré à la Poly
Marc Lépine ainsi
dans son propre bain de sang
fuyait l'enfer et la terreur
qu'il avait créés
pendant ce temps
pendant ces horribles moments
qui duraient des siècles
les parents consternés
apprenaient petit à petit
le drame qui se jouait
leurs enfants étaient-ils blessés
étaient-ils vivants
que s'était-il passé

la police les ambulances
l'escouade tactique
le périmètre de sécurité
les médias alertés
les urgences des hôpitaux
un brouhaha désorganisé
de nouvelles de rumeurs
de consternations
s'élevait dans la clameur
du soir descendant
l'attention du monde entier
s'est portée sur Montréal
la cité que l'on croyait protégée
qui venait d'être bafouée
violée
qui faisait face
comme les autres cités du monde
à l'adversité
à l'incompréhensible violence
de notre époque
où une vie
dans cette fin de siècle
dans cette fin de millénaire
ne pèse pas plus lourd
dans la balance
qu'un fétu de paille
ou un paquet de cendres
les larmes les angoisses
la crainte la révolte
l'inquiétude la détresse

sont tombées sur le Québec
ce mercredi soir
du 6 décembre 1989
comme un linceul
incommensurable
aujourd'hui
est notre tristesse
incommensurable
aujourd'hui
est notre deuil
vous les 13 personnes
qui avez été blessées
que la mort a frôlées
qui resterez à jamais marquées
par ce drame
et vous nos 14 martyrs
Geneviève Bergeron
Hélène Colgan
Annie Turcotte
Nathalie Croteau
Barbara Daigneault
Maryse Laganière
Maud Haviernick
Anne-Marie Lemay
Barbara Maria Klueznick
Sonia Pelletier
Maryse Leclair
Michèle Richard
Annie Saint-Arneault
Anne-Marie Edward

vous chères filles suppliciées
sacrifiées assassinées
dans la fleur de l'âge
vous chères enfants
de l'humanité
au tragique destin
innocentes victimes
de l'absurdité de notre temps
nous vous aimons
et nous vous portons
pour toujours
dans notre mémoire
et dans notre coeur
où éternellement
vous resterez gravées
à l'encre indélébile
de votre sang

être arrivé

être arrivé au bout de la vie
à bout
passer à travers toutes ces années
accumulées
dans nous
avoir vu tant de soleils
se lever
tant de soleils
se coucher
tant d'étoiles briller
pour nous
avoir fait le voyage
d'un point à un autre
trop souvent debout
être fatigué
de tout
attendre le dénouement
dans le plus complet dénuement
face à l'angoisse du chemin
à l'angoisse de demain
l'inconnu nous oppresse
autant que le bout de notre âge
nous sommes des lilas fanés
que le jardinier s'empresse de couper
il les détachera de la branche
tout à l'heure
pour que d'autres fleurs blanches
fleurissent

pour que d'autres parfums
s'unissent
à l'arbre toujours en fleurs
de la vie
le cycle de l'âge zéro
l'âge de la vieillesse
où toutes les nouvelles années
sont de trop
l'âge gris
sans capacité aucune
que celle d'attendre
durant des lunes
patiemment
avec le sourire bienveillant
que s'arrête le temps
tic tac
je me berce
de mes souvenirs
mon passé est mon avenir
tic tac
bien le bonjour aux vôtres
saluez-les pour moi
il y a longtemps qu'ils sont venus
me voir
tic tac
je suis prisonnier du cadran
prisonnier du miroir
tic
le regard du vieillard
s'est éteint

sans chagrin
content d'être parti
serein
mais en nage
là-bas
au bout de la vie
au bout de son âge
tout au bout de l'oubli

fait d'hiver

aujourd'hui
mon papa s'est pendu
il n'en pouvait plus
de vivre
pourtant nous étions là
ses trois enfants qu'il aimait
maman était là aussi
grand-maman et
mes deux grands-papas
ses frères ses soeurs
mais mon papa à moi
n'en pouvait plus
alors il nous a écrit
un petit mot d'adieu bien gentil
puis il est parti
est-ce donc si difficile
de vivre
quand on est grand
qu'on vient d'avoir 41 ans
comme mon papa
le jour de la Saint-Valentin
son jour de fête son anniversaire
mais il ne le prenait pas
il ne prenait pas non plus
qu'il ne travaillait pas
que les gars du personnel
lui avaient dit
qu'à 40 ans il était trop vieux

pour recommencer une carrière
il cherchait un emploi
de quoi faire de ses dix doigts
son morale était au plus bas
au fur et à mesure
que les mois passaient
il ne s'imaginait pas
sortir de l'ornière
pourtant nous étions
heureux
nous avions une nouvelle
maison
plus petite il est vrai
mais que nous aimions
maman avait lancé
son agence de voyages
avec une associée
et ça allait
mais elle travaillait
beaucoup
et mon papa restait
à la maison tout seul
pendant que nous allions
à l'école
personne
ne pouvait lui enlever ses idées
noires
personne
quand je suis rentré
le premier

mon papa n'était pas
là comme à l'habitude
ma soeur est arrivée
à son tour
et nous avons téléphoné
à maman
pour lui demander
où était papa
elle a senti que
ça n'allait pas
elle est vite accourue
avec son amie et nous
l'avons cherché
mais il ne répondait pas
alors on a remarqué
le mot qui traînait sur la table
mon grand frère a aussitôt couru
voir dans le cabanon
c'est là qu'il était
pendu
à ses illusions
qu'il n'avait plus
mon grand frère a dit
à maman
de ne pas aller voir
ce n'était pas beau
il était blême comme la mort
et personne n'a pu aller le voir
la police est arrivée
puis à la morgue

on l'a amené
ensuite il a été exposé
des amis des proches
sont venus
et tout le monde
a beaucoup pleuré
ensemble les enfants
on le regardait dans sa tombe
il était tranquille
à en désespérer
et puis on a dit à maman
de prendre d'autres
arrangements
de ne pas le faire incinérer
de l'enterrer plutôt
dans un beau cercueil
de chêne près de sa maman à lui
qu'il aimait tant
le lendemain
on a assisté à l'enterrement
pas beaucoup de monde
est venu
mais nous étions là
ses enfants et maman
grand-maman et les deux
grands-papas
ses frères ses soeurs
les proches les amis
et nous pleurions
parce que mon papa

ne reviendra plus
qu'il était là
avant-hier
qu'il n'est plus là
maintenant
et que nous ne
le reverrons jamais plus
pourquoi nous as-tu laissés
papa maman et les enfants
tout le monde t'aimait
papa
est-ce parce que toi
tu ne t'aimais plus
et puis dimanche
on a démoli le cabanon
où mon papa a disparu
et notre vie continue
même si toi papa
tu n'en es plus

il n'y a ni d'hier ni de demain

il n'y a ni d'hier
ni de demain
c'est toujours aujourd'hui
c'est toujours le même jour
qui recommence
suivi de la même nuit
ce sont toujours
les quatre saisons
qui se suivent
et les quatre saisons
qui s'esquivent
et s'en vont
c'est toujours moi
qui contemple le monde
dans lequel je vis
qui le vois changer vieillir
grandir
qui vois les événements
se succéder exister
de ma naissance
à la mort
ma vie est peuplée
d'êtres chers et d'étrangers
qui eux aussi
font les mêmes constatations
ici bas tout passe
tout est soumis au temps
tout dépend du lieu

90

et de l'heure
de la chance et du bonheur
pauvres ou riches
comme le temps
nous passons
notre passion
c'est de nous aimer
de nous chérir
de nous donner
un peu de cette chaleur humaine
qui fait de nous
des êtres de chair et de sang
dotés de mouvement
d'instincts de besoins
et non pas des robots
qui errent dans leur vie
sans foi ni espoir
ni amour ni raison
raisons d'être
êtres de raison
êtres de passion
nous sommes la mémoire du temps
les habitants du présent
et notre route est sans fin
puisque nos enfants sont là
pour poursuivre notre chemin

il n'y a que les morts

il n'y a que les morts
qui soient vaincus

j'ai mis le printemps dans ma poche

j'ai mis le printemps
dans ma poche
et je suis parti
mon baluchon sur le dos
le coeur un peu gavroche
fouler des sentiers nouveaux
où je n'avais jamais
mis les pas
les sentiers de l'existence
sont fermés comme des cadenas
quand on trouve un chemin
après avoir tâté
à toutes les combinaisons
et s'être mis
cent fois dans le pétrin
on doute encore
on ne sait pas si c'est bien
le sien
mais on continue d'avancer
à tâtons
les territoires inconnus
les grandes avenues
autant de points de fuite à l'horizon
allers simples
voyages pour voyageurs attardés
pèlerins de l'illusion

la mer insondable

la mer insondable
retourne sans cesse
les mêmes vagues
la même écume
bain de larmes
sur les grèves
les rivages
où des femmes éplorées
s'agenouillent
pour y prier
contre le mauvais temps

la terre aboie quand vous la déchirez

la terre aboie
quand vous la déchirez
avec votre charrue
vous lui ouvrez les veines
pour mieux boire son sang
s'approvisionner à sa vie
qu'elle garde
en dedans d'elle
comme un secret
elle ne le partage
qu'avec les morts
et les grains de blé
qui poussent
au travers d'eux
la terre aboie
quand la scie mécanique
se fait entendre
et que le bois tendre
qui lui pousse
comme des cheveux
s'abat sur elle
dans un grondement
de fin des temps
la terre est un animal
difficile à dompter
seulement à force de travail
et de mal

elle vous donnera
son blé le pain de la vie
qu'elle partage avec nous
dans son sein
des civilisations passées
reposent
gîtent
en attendant la découverte
qui nous rappellera
qu'il y a eu des hommes
des femmes et des enfants
avant nous
qui ont construit
les mêmes rêves de pierre
dans lesquels ils se sont
mis à l'abri
pour mieux vivre
séparés des autres
mais les rêves
ne tiennent pas
plus longtemps
que les sables mouvants
dans lesquels ils sont enfouis

la terre est entourée de barbelés

la terre est entourée
de barbelés
couronne d'épines
étroitement tressée
entre les peuples et les hommes
la terre est sans frontières
mais nous les avons inventées
pour nous démarquer
les différences font loi
et les murs se construisent
autour de chacun d'entre nous
comme des obstacles
accrochés à nos pas
la terre est entourée
de barbelés
mais quand les barbelés
se mettent à hurler
c'est que des enfants
se sont immolés
pour les détruire
et qu'ils sont restés coincés
la chair en lambeaux et en sang
prise dans les barbelés
vivants
la chair sacrifiée de nos enfants
offerte pour nous libérer
du joug des autres
l'ennemi de l'homme

c'est l'homme
il faut combattre l'ennemi
par l'ennemi
et un jour quand il n'y en aura plus
que les ennemis
se seront assagis
faute d'enfants
à immoler
sur l'autel de la guerre
les barbelés
entourant la terre
disparaîtront
dans un nuage de poussière
que le vent emportera
et la terre redeviendra
sans frontières

la vie est faite d'arrivées et de départs

la vie est faite
d'arrivées et de départs
qui s'entrecroisent
comme des étoiles filantes
au firmament de la nuit
nous sommes ces milliards
d'étoiles qui scintillent
en pleine nuit
pour se faire aimer de la lune
la troublante dame
de notre vie
qui nous fait naître
dans la nuit claire
profondément lustrée
d'infini
chassé-croisé des arrivées
et des départs
voici le soleil qui luit
et par magie l'aube naît
et tout recommence
jusqu'à la prochaine vie

leçon d'astronomie

le monde où nous vivons
représente notre univers
notre terre qui fait partie
d'un autre univers
appelé système solaire
et ce système n'est qu'un
parmi des millions d'autres
systèmes connus ou inconnus
à découvrir
le tout parsemé illuminé d'étoiles
d'immenses galaxies
d'innombrables quasars
et de trous noirs
et nous revoici
sur notre terre natale
dans notre environnement à nous
c'est notre univers
que nous portons sur les épaules
nos cinquante milliards
de cellules superposées
amalgamées
qui baignent dans l'eau
de nos rêves
et nous voici nous
tels que nous sommes
à côté d'autres univers
comme nous
dans des cités

de gratte-ciel et de taudis
où nous jouons le jeu
de notre survivance
quotidienne
du mieux que nous pouvons
instant après instant
un instant après l'autre
un instant qui n'attend pas l'autre
l'instant qui nous pousse d'avant
à découvrir d'autres instants
de nouveaux instants
qui nous passent dessus
nous écrasent nous broient
pour mieux nous digérer
l'instant d'après
nous mettre en pièces
instant après instant
nous sommes issus
d'une génération de l'instant
qui mise bout à bout
constitue notre univers
duquel d'autres dépendent
et dont nous dépendons
pour le meilleur ou le pire
l'instant qui passe
nous le dira
à l'instant

le jour essoufflé

le jour essoufflé
tire la langue
chapeau bas
il descend
de son marchepied
emprunte l'escalier
secret
qui le mène dans
un autre coin du monde
en attendant qu'il revienne
faites de beaux rêves
emmitouflés dans le manteau
troué de la nuit qu'il laisse tomber
derrière lui
comme un piège

le mitan de la vie

le mitan de la vie
période floue
entre les deux bouts de la vie
l'enfance à l'un des bouts
la vieillesse à l'autre bout
et nous debout
entre les deux bouts
le coeur qui penche
vers notre jeunesse
et la folie de nos vingt ans
qui nous fouettent encore
le sang
mais il n'y a rien à faire
notre avenir devant nous
est sens dessus dessous
et nous voilà
des larmes sur la joue
à regarder naître
le soleil couchant
qui se dessine
à l'autre bout
aussi resplendissant
que l'amour
que nous avons mis
autour de nous
et que le bonheur
que nous avons voulu
pour les nôtres et pour nous

et le coeur battant
encore au garde-à-vous
nous reprenons
notre bâton de pèlerin
prêts à nous rendre
jusqu'à l'autre bout
de nos yeux
où l'on nous attend

l'énergie du désespoir

nous devrions domestiquer
l'énergie du désespoir
la prendre la mâter
la maîtriser pour
qu'elle éclaire nos vies
nous réchauffe
par les temps de gel
et nous aide
à nous surmonter
quand rien ne va plus
à la roulette russe
et que nous tombons tous
comme des mouches
la tête éclatée
comme un ballon
trouée d'une balle
que nous n'avons pas voulue

l'enfer est entré sans frapper

l'enfer est entré
sans frapper
par la porte
pour m'attraper
en même temps
que je posais
ma main sur la poignée
j'ai fermé l'oeil
perdu pied
déboulé l'escalier
roulé de tout mon long
sur le côté
et je l'ai regardée
droit dans les yeux
le visage figé
haineux comme Caïn
cahin-caha
à quatre pattes
à cloche-pied
je me suis levé
puis j'ai continué
à marcher
à hurler
j'ai tiré la poignée
pour me mettre en sécurité
hors d'haleine hors de voix
hors de moi
tant d'émoi

à cause de moi
à cause de toi
les enfants ont pleuré
ont crié
tu voulais t'en aller
je ne voulais plus rester
finalement nous nous sommes regardés
l'un contre l'autre
les yeux pleins d'eau
tu n'es pas partie
et je suis revenu
pour nous aimer
l'enfer est sorti
sur la pointe des pieds

le pied sur l'accélérateur

les hommes
s'entourent de métal
le pied sur l'accélérateur
de leurs rêves
ils appuient à fond
et les paysages défilent
en longues files
de chaque côté de leurs yeux
ils mettent entre eux
des frontières
pour marquer leurs territoires
les lignes blanches
doubles et continues
sont inscrites dans le sol
et indiquent leur présence
en posant le pied
dans des pays étrangers
ils se heurtent à d'autres hommes
aux coutumes bien gardées
à la langue dissemblable
les armes montent la garde
dans les embûches des uns et des autres
ils trébuchent
et de plein front
s'écrasent comme des cons
contre les murs
qui les opposent
au lieu de les réduire en cendres

ensemble
et de regarder
ensemble
le même horizon

le printemps

le printemps
en culottes courtes
vient d'arriver
tout essoufflé
d'avoir couru
dépose son sac
l'ouvre et y trouve
du soleil des oiseaux
de la musique
il en met partout
et le monde entier
se laisse aller
quelques instants
aux soupirs du vent
et voici l'été
les longues soirées
romantiques
les baisers au clair de lune
le clapotis de l'eau
et les sourires parfumés
des fleurs
qui s'ouvrent
comme par enchantement
le temps s'est arrêté
mais sa course folle
reprend
le petit enfant
aux culottes courtes

est reparti mais il a grandi
c'est un homme maintenant
arrivé sans trop savoir comment
à l'automne de sa vie
le baluchon sur son dos
il s'en va voir du pays
avant le grand hibernement
qu'il pressent
venir vers lui
au grand galop

le printemps penche dans ma main

le printemps penche
dans ma main
l'éclat des soleils
l'hiver et l'enfance
me fondent entre les doigts
j'ai mal dans ma paume
à cause de l'été
les fleurs et les oiseaux
se gâchent
déjà maintenant
l'automne sur les murs
clos
de ma colère
incandescences de ma vie
comme ces phalanges de mes doigts
aux plafonds de l'obscur

le printemps se consume dans l'air

le printemps se consume dans l'air
et les matins de glace
commencent à fondre au soleil
la gaieté de la neige
froide et drue
granuleuse à souhait
fait place à celle de la terre
le remue-ménage
des oiseaux et des bourgeons
revenus enchantés de vivre
nous habite
et nous gagne le coeur
un autre printemps
ouvre l'oeil sur le monde
et l'ère de la neige
disparaît
dans le sous-bassement
des saisons

le propre de la jeunesse

le propre de la jeunesse
c'est de vouloir trop
étreindre d'une seule main
englober le monde et le porter en soi
comme s'il vous appartenait
alors que l'univers ne s'étreint pas
qu'aussitôt conquis un instant
il vous rejette sur ses berges
comme un coquillage rejette
la mer qui l'entoure

le règne des robots

les robots sont venus
ils ont pris nos places
et nous nous sommes
dans la rue
ils devaient être
nos esclaves
nous obéir du bout des doigts
mais ils sont immortels
et nous nous ne le sommes plus
nous avions des enfants
qui grandissaient
nous avions des familles
nombreuses
et nous peuplions le monde
voilà qu'il n'y en a plus
et notre immortalité
s'en est allée
les robots sont venus
ils se reproduisent eux mêmes in vitro
ils n'ont plus besoin de nous
nous sommes de trop
alors ils nous ont mis à la porte
et nous sommes dans la rue
pourtant nous les avions créés
pour nous aider à gérer le monde
maintenant ils n'obéissent plus
à personne et le monde c'est eux
les robots savent tout

ils se souviennent de tout
ils ont réinventé la roue
réinventé nos inventions
pour les mettre à leur diapason
voilà qu'ils partent
vers d'autres étoiles
recréer des mondes nouveaux
à leurs façons
ils ne transportent avec eux
ni haine ni passion
ils sont monotones
comme les saisons
froids comme l'acier
qui les recouvre
ils nous regardent dépérir
sans un pli au front
et pendant ce temps
nous nous mourons
le règne des robots
vient de commencer
la terre en est peuplé
dans leurs uniformes identiques de
guerriers
ils s'activent à nous détruire
nous sommes l'espèce menacée
ils nous mettront
dans des musées
nous empailleront
pour nous montrer
pour prouver que nous

avons existé
que nous nous sommes éteints
comme d'autres espèces
parce que nous n'étions pas
assez forts pour survivre
le ciel était pollué
la terre était polluée
notre sang était pollué
nous avions tout gâché
alors les robots ont pris
la relève
et nous n'existons plus
ils n'ont pas encore trouvé
les bombes que nous leur avons laissées
mais un jour
ils les découvriront
et s'amuseront peut-être
à presser des boutons
et la terre redeviendra comme avant
une étoile morte inhabitée
comme les autres que nous voyons
dans la voie lactée

le siècle coule à flots

le siècle coule à flots
sur les décombres
des trois guerres encore fumantes
la terre
champ de bataille résolu
cimetière à perte de vies
sans monuments funéraires
incroyable masse redevenue
désespoir volcanique
lambeaux de pierres
à recommencer

le soleil couchant

le soleil couchant
penche sa tête blonde
sur son oreiller
son front brûlant
empourpre le firmament
la fièvre du soir
se propage
à tous les habitants
et la noirceur
s'étend
parsemée de fils blancs

le temps assassin

le temps assassin
vient de commettre
un autre de ses larcins
à l'horloge des jours
un vieux clochard
s'est pendu
il avait franchi
le cap de l'espérance
et n'espérait plus
dans rien
même sa bouteille
de vieux vin
ne parvenait pas
à lui faire oublier
tout ce qu'il savait
sur l'existence
bon à rien
qu'on lui répétait
sale vilain
vieille cloche
clochard
au bout de ton destin
vivre pour toi
ne rime à rien
alors va voir
de l'autre bord
si tu y es
ça s'est passé ce matin

le temps assassin
a commis
un autre de ses larcins
sa victime
n'était pas un homme
de bien
on l'enterrera demain
dans un trou dans un coin
à l'abri des chiens
il n'y paraîtra plus
c'est certain
le temps assassin
a pris ses frusques
ses cliques et ses claques
et s'en est allé
par le chemin
prenez garde à votre vie
ne lui laissez pas
votre butin
le temps assassin
ne compte pour amis
que les assassins

le temps est une goutte d'eau

le temps est une goutte d'eau
qui goutte à goutte
tombe sur nous
goutte à goutte
sur chacun d'entre nous
elle fait ses ravages
à l'intérieur de nous
d'abord
et puis à l'extérieur de nous
sur notre peau
qui en ruisselle de partout
nous portons les ravages
du temps sur nos épaules
nous les affichons
simplement
comme notre empreinte
mortelle
un jour c'était autrefois
nous avons été cette personne-là
et nous ne comprenons pas
il ne s'est passé que du temps
depuis
que quelques bribes de temps
et nous voici cet autre
qui nous habite
dont l'enveloppe
s'est transformée
sous le supplice de la goutte d'eau

du temps
qu'avons-nous fait
tous ces jours
à chacune de ces secondes
que nous avons vécues
et qui étaient à nous
parce que nous en avions
beaucoup
devant nous
nous pensions posséder le temps
c'est lui qui nous possède maintenant
parce qu'il est derrière nous
et qu'il nous pousse en avant
vers l'inconnu
et l'inconnu serait
cet océan
de gouttes d'eau
dans lequel nous entrons
la tête nue
riche de notre vécu
pour le remettre au temps
et ils versèrent une larme
sur nous
parce qu'ils étaient
nos enfants
comme nous l'avions fait
pour nos parents

le vaste monde est vaste

le vaste monde est vaste
il est peuplé
de fourmis travailleuses
qui n'arrêtent pas
jours et nuits
de remuer la terre
et d'en tirer
leur subsistance
elles édifient
des monuments
qui montent
comme des gratte-ciel
et se prolongent
à l'horizon
immenses villes
surpeuplées
autant de plaies vives
dans la chair
de la terre
qui parfois
s'agite de secousses
et fait tout trembler
les monuments
fragiles tombent
dans un fracas de fin des temps
écrasent tout
en tombant
et la poussière happée par l'air

et le soleil
s'élève sur les continents
et se disperse
les fourmis travailleuses
reprennent leur travail
en attendant les prochains
grondements
les prochains
tremblements
de la terre rugissante
que l'on croit toujours
soumise
toujours éprise
de l'humanité qui la piétine
qui la chevauche
générations après générations
depuis l'origine des temps
quand tout a commencé
et que la vie s'est propagée
comme une traînée de poudre
une traînée de feu et de sang
sur l'univers
énigmatique et silencieux

les arbres sont les bras
tourmentés de la terre

les arbres sont les bras
tourmentés de la terre
qui cherche à nous étreindre
à nous porter sur son coeur
ils nous donnent
l'ombre dont nous avons besoin
pour affronter le soleil
ils nous donnent le bois
qu'il nous faut
pour nos maisons
ils alimentent le feu
qui nous réchauffe
les arbres sont la parure
de la terre
qu'ils protègent
contre le désert
et les insolations mortelles
qui la menacent
les arbres sont si beaux
si forts si tendres
quand ils se bercent dans le vent
mais nous les abattons
comme des oiseaux
sans aucune précaution
les arbres ont deux fois
notre vie
et sans remords

ils tombent
sous les dents des haches
et des scies
nous leur faisons
une guerre sauvage
mais un jour
ils se vengeront
car il n'y en aura plus
si nous ne nous occupons pas
de les faire renaître
si nous ne prenons pas soin
de leurs petits
déjà les arbres
ont perdu de leurs forces
les forêts sont attaquées
par les pluies acides
et les feuilles ne tiennent plus
aux branches
si nous n'y faisons
pas attention
les poumons de la planète
agoniseront
et nous avec
les arbres sont nos amis
les arbres sont nos frères nos soeurs
les arbres sont les refuges des oiseaux
leurs centres de vie
s'il n'y a plus de feuilles
s'il n'y a plus de branches
s'il n'y a plus d'arbres

où iront les oiseaux
comment feront-ils
pour apprendre à voler
une terre sans arbres
sans oiseaux
c'est comme une terre sans enfants
une terre livrée aux caprices du vent
les arbres sont les bras tourmentés
de la terre
qui cherche à nous étreindre
et à nous porter sur son coeur

les cent ans de la vie

les cent ans de la vie
une pierre dans l'océan
un grain de sable
dans le sablier du temps
une poussière d'argent
sur la robe piégée du firmament
les cent ans de la vie
un siècle parmi tant d'autres
un siècle sur un million
oublié dans l'histoire sans fin
des hommes et des femmes
qui l'ont vécue
leurs enfants sous le bras
dans l'ombre et la lumière
à courir
après le jour qui se lève
toujours fidèle au rendez-vous
les cent ans de la vie
un siècle de continuité
sur les épaules du temps
un fleuron à la boutonnière
du printemps
les cent ans de la vie
sourire figé sur la face
de tous ces gens
les cent ans de la vie
le temps de les vivre
le temps de le dire

ils ne sont plus
que du passé
mais pour qui

les chemins de l'aventure

les chemins
de l'aventure
mènent à coup sûr
hors des ennuis
du quotidien
qui vous matraque
les mêmes gestes
les mêmes refrains
à toujours faire
le même chemin
soir et matin
à toujours vivre
la même routine
et son train train
on passe vite
du sourire à la grimace
et la douleur s'installe
au fond de nous
taille sa place
à coups de hache
et bientôt au milieu
du coeur
un grand vide intérieur
et la morosité fait des petits
on perd ses amis
on reste seul avec soi
les pieds dans le même soulier
à se trouver

aussi intéressant qu'un ver à soie
emmêlé dans son cocon
laissez sortir
le papillon
qui bat en chacun de nous
laissez-vous prendre
par l'aventure
abritons-nous sous son aile
et partons faire une tournée
dans notre vie
les mystères de notre existence
valent bien qu'on les découvre
petit à petit

les esprits dépossédés

le magma lunaire oscille
sur son impossible base
la poussière pierreuse
se soulève soudain
au tremblement du sol volcanique
dans une lamentation cassante
la lune donne naissance
à l'autre moitié d'elle-même
au fracas du satellite
les marées indécises s'arrêtent
les océans gémissent
la juxtaposition s'installe
la terre schizophrène
et les esprits dépossédés sont en feu

les problèmes de l'heure

les problèmes de l'heure
les problèmes de l'instant
prennent beaucoup
moins de place
que le bonheur d'être vivant
mais les peines les chagrins
d'amour
nous dévorent nous grignotent
petit à petit
et il peut arriver
que l'on cède un jour
à sa détresse
au bord du dernier instant
le remords d'être vivant
l'emporte sur l'amour
choses nous sommes
choses nous passons
l'espoir gît sans passion
grillé consumé expiré
comme les mégots
de nos cigarettes oubliées
dans le cendrier du temps

l'hiver somptuaire

l'hiver somptuaire
vient d'arriver
il répand ses flocons blancs
et sème ainsi le printemps
qui viendra le remplacer
sur la terre gelée
saisie par le froid
la neige s'accumule en bordées
voici le règne du froid
des dessins de givre
et des tempêtes bleutées
qui font geler les doigts
et frissonner
l'hiver somptuaire
comme nous
ne fait que passer
il donne l'impression de durer
mais les saisons
ne font que se succéder
dans une suite ininterrompue
de secondes bien frappées

l'humanité a tout pour elle

l'humanité a tout pour elle
elle a de l'expérience
elle est grande elle est belle
elle vit au paradis
sur une terre immense
riche à foison
l'humanité a tout pour elle
elle est diversifiée colorée
tous les peuples qui la forment
racontent l'histoire à leur façon
ils ont traversé le temps
et l'espace et ensemble
ils sont l'humanité
l'humanité multiforme
composée de milliards d'hommes
de femmes et d'enfants
chaque jour qui passe
reprend l'hymne du temps
que l'humanité compose
à sa façon
sur un orgue de barbarie
pourquoi le navire
est-il toujours prêt
de chavirer de sombrer
dans les flots argentés de l'été
les capitaines ne s'entendent pas
entre eux
et chacun a son gouvernail

et le bateau tourne en rond
au gré des événements
que d'autres défont
tous ont convenu cependant
qu'il fallait investir
dans des bombes et des armements
afin de mieux se protéger
des autres garnements
qui veulent manger à votre
soupe et peut-être vous priver
de votre deuxième dessert
que vous prendrez tantôt
si vous pouvez finir cette bouchée
que vous êtes à mastiquer
l'humanité a tout pour elle
mais la moitié d'entre elle
a faim
au bord du gouffre de la faim
quand vous n'avez plus que
la peau et les os
que vous n'avez plus rien à perdre
que votre faim
vous êtes prêt à tout
alors là un capitaine
se tourne vers vous
et vous donne deux ou trois
joujoux
et vous demande
gentiment d'aller jouer
à la guerre dans la ruelle

entre vous cela s'entend
mais avant pendant et après
n'oubliez pas de payer
la facture la guerre a un prix
que la paix ne parvient
pas à payer
l'humanité a tout pour elle
des armes en quantité
de quoi jouer dans les ruelles
pour quelque temps encore
et des océans de larmes
à verser sur les corps
délestés de ses enfants
qui sont morts en jouant
dans des marais sanglants
l'humanité a tout pour elle
mais surtout
elle a de la chance
qu'il lui reste des enfants

l'infini de la tristesse

l'infini de la tristesse
nous guette tous
chacun à notre tour
et quand elle nous attrape
dans sa toile de mélancolie
tissée de peine
et de misère
la langueur
de l'automne
aux fulminants reflets
nous envahit
corps et âme
nous tend son guet-apens
on dirait que la vie
est une saison
de feuilles si belles
mais mortes comme
les heures que nous
comptons à notre corps
défendant et qui s'accumulent
dans les rondelets goussets du temps

l'univers est un arbre

l'univers est un arbre
dont nous sommes les fruits
il prend racine
en dedans de nous
et nous porte avec lui
dans les profondeurs
sidérales
au bord des mondes inconnus
qui l'habitent
de tout temps depuis
l'époque des premières nuits
il est là il attend
patiemment
qu'on le découvre
de découvertes en découvertes
les grains de sable de la vie
forment des pyramides
et le vent venu
les souffle avec lui
aux quatre coins de la planète
et la poussière va
où les tourbillons de ses bras
nous emportent
pour faire corps avec lui
union parfaite du corps et de l'esprit
agitée par les souffles du vent

mourir à l'occasion

mourir à l'occasion
dans un accident d'avion
ou au hasard
dans un tremblement
de terre
perdre la vie sans raison
apparente
disparaître dans la circulation
pour ne plus jamais
revenir habiter
dans sa maison
être et devenir
un amas de chair
dispersé
aux quatre vents
bon pour la ferraille
envolé dans la poussière
frappé par une bombe
sauter en l'air
prendre la poudre
d'escampette
c'est être l'otage
de la vie
poussée par les hasards
qui nous attendent
aux détours des chemins
comme larrons en foire
le tirage est commencé

la chronique des décès
fixe tous les rendez-vous
le jour d'après

nous n'avons pas le temps de tout connaître

nous n'avons pas
le temps de tout connaître
pressés que nous sommes
de vivre
notre grandiose existence
qui nous fait passer
de l'aube à la nuit
de l'enfance à la vieillesse
de l'avenir
à hier
alors que nous étions
ce que nous allions être
et que nous le sommes devenus
à petits feux
à petits pas

on m'a donné des yeux

on m'a donné des yeux
pour regarder le monde
l'explorer
lui donner une image mortelle
que j'ai placée
dans ma petite boîte noire
et je l'ai développée
avec soin petit à petit
au fur et à mesure de ma vie
elle est en couleurs
en quatre dimensions
elle représente
ce que j'ai vécu
ce que j'ai vu
tout ce qui a
touché ma vie à moi
mais le tableau d'ensemble
l'illumination
n'est promise
que le jour du grand départ
et je saurai bien
si elle est autre chose
qu'un cliché cramoisi
et si elle valait bien la peine
que je fasse si attention
à son lent développement

oui ou non à la liberté

sur les Plaines d'Abraham
les Français de France
les Français du Québec
ont été vaincus
par les Anglais d'Angleterre
et depuis 1759
en terre d'Amérique
un petit peuple
replié dans ses traditions
a décidé de survivre
envers et contre tous
il a décidé
de garder son âme française
et sa religion
depuis
bien des générations
se sont succédé
au fil du temps
et nous voici
fin du XXe siècle
cinq millions de Québécois
sur notre terre québécoise
notre pays
jamais reconquis
à la croisée des chemins
allons-nous nous assimiler
nous diluer dans la mer
anglophone

ou allons-nous
le bâtir ce pays
à notre image
à notre ressemblance
avant qu'il ne soit trop tard
et que notre culture française
ne file à l'anglaise
notre fierté de vivre
comme nous le voulons
sur un sol
que nous avons labouré
de notre sueur
génération après génération
qui nous appartient
par défaut
depuis notre défaite
grâce à notre entêtement
de vivre
sur une terre conquise
comme si c'était encore chez nous
mais c'est notre chez nous
serons-nous d'éternels locataires
et le XXIe siècle
nous verra-t-il disparaître
pour le peuple du Québec
l'heure de la vérité
a sonné
faudra-t-il se demander
dans quelques années
pour qui sonnaient les cloches

146

à toute volée
pour annoncer
à la face du monde entier
qu'un peuple s'était enfin
libéré
de l'oppression insidieuse
qui l'entoure
pour se tenir debout
et entrer dans le XXIe
avec une raison de vivre
une raison d'exister
en français
dans sa culture
définitivement protégée
ou nous demanderons-nous
quand nous serons
bien assimilés
bien digérés
bien désagrégés
pour qui d'autres que nous
sonnait ce glas
que nous avons tous entendus
quand ils ont mis
le peuple du Québec
en terre
et qu'ils ont fait
une croix dessus
avec cette épitaphe
ici gît le peuple du Québec
le seul peuple au monde

qui ait dit non à la liberté

piège pour le soleil

un excès de printemps
flotte dans l'air
le parfum des fleurs
s'étend
les sourires entrent
dans les coeurs
et le font battre
quatre à quatre
un déferlement
d'optimisme
fait voir la vie en rose
le rideau du jour
se lève sur la ville
après que les trois coups
comme le tonnerre
se soient fait entendre
que les acteurs aient pris place
le feu de la parole
dans le geste et la main
branle-bas de combat pour
le théâtre de la vie
il manque des spectateurs
trop se sont tués à la tâche
de vivre
ont appris leurs rôles
jusqu'au bout
et se sont couchés encore debout
leur dernier numéro

est un numéro à frissons
les frissons sont restés
mais l'acteur est parti
dans un souffle de vent
sur les ailes des oiseaux
revenus habiter le printemps

quand on ferme les yeux

quand on ferme les yeux
et qu'on regarde en dedans
on voit sa tête pleine de nuit
c'est peut-être ça le néant
qui est en nous
et qui nous habite
quand on regarde longtemps
en dedans
les yeux fermés
de recueillement
et qu'il fait
profondément silence
autour de soi
on prend conscience
du souffle de vie
qui nous agite
et des battements de notre coeur
de l'air qui entre
dans nos poumons
et qui aussitôt s'en va
rejeté par nous
notre souffle
notre respiration
c'est la preuve
que nous existons
et puis
nous nous mettons à penser
à reculer les frontières

du présent
et puis nous commençons
à voyager
dans notre for intérieur
nous repassons notre passé
il revient vite
à la surface
quand on le sollicite
il monte en nous
et nous le revivons
nous éprouvons
les mêmes sensations
les mêmes bonheurs
nous reviennent à l'esprit
notre enregistreur
nous fait tout revivre
les hauts comme les bas
fonction *play back*
nous nous écoutons
nous nous regardons
comme si nous y étions
la caméra de nos yeux
nous fait voir
ceux que nous avons aimés
et qui ne sont plus là
ils sont morts et enterrés
mais ils sont en dedans
de nous
ils revivent et nous le jurons
étranges sensations

que le retour en arrière
en dedans de soi
vers ses premiers souvenirs
vers ses premiers instants de vie
vers ses premiers pas
dans l'existence
cette grand-mère chérie
ce cher parent
ce fils cette fille
que nous avons aimé
de toutes nos forces
cet ami ce cher amour
ils ne sont plus
à nos côtés
mais ils sont
en nous
ils nous habitent
de l'intérieur
et nous les revoyons
nous les réimaginons
les contours de leurs corps
leurs sourires pétillants
le champagne de leurs yeux
leurs parfums leurs senteurs
tout est là
comme si nous y étions
puisque nous y avons été
et que nous l'avons vécu
pas de tricheries possibles
avec le passé

on ne peut se mentir à soi-même
quand on voyage dans le temps
sans d'autres artifices
que nos propres souvenirs
toutes ces pensées
toutes ces images
sont à nous
elles sont notre bien le plus précieux
notre essence même
elles sont mélangées
à notre vie
elles nous appartiennent
comme nous appartiennent
les beaux jours et les jours
de tempête
la neige qui tombe
la pluie le vent
la vie que nous vivons
et dont nous héritons
chaque jour de notre précieuse
existence
précieuse existence
précieuse vie
ton fluide
nous habite
et nous profitons de toi
pendant que tu passes
entre les parois de nos doigts
qui nous aident à tenir
à pleines mains

entre nos mains
notre boîte crânienne
boîte noire
et à surprises
chargée de nos rêves
de nos réalités et de nos illusions

réussir sa vie

réussir sa vie
c'est une affaire de rien
il faut naître
et puis au rythme
de ses pas se diriger
vers son objectif
qui n'est autre
que le trépas
une fois rendus
on ne sait pas
ce qu'il en est
ou ce qu'il en sera
ce que l'on sait
c'est que c'est fait
que tout est cuit
que l'on est fait
lève ton verre
entrechoque les gobelets
ce soir c'est la dernière
on t'a mis en joue
essuie tes larmes
sur ta joue
ta vie dépend
d'une balle perdue

sans ailes

l'incertitude déploie ses ailes
fragile comme un pigeon d'argile
éclaté au milieu d'un tonnerre de feu
je cherche mes esprits
désorienté je m'émiette
et mes cendres mordent la poussière
je n'avais d'autre but
que de voler de mes propres ailes
les vautours sont passés
ils me les ont arrachées
de leurs becs tranchants
et sans ailes
je ne vole plus
au-dessus des mers des montagnes
des fleuves
dans le ciel où je me cherchais un nid
près du bleu de l'azur infini
où ma course me menait
vers ces nuages moelleux
où étendre et bercer mes rêves
que j'avais plein la tête
redonnez-moi mes rêves
que je reparte à voler
même s'ils sont fragiles
comme des pigeons d'argile
partis sur leur lancée
et qui se dépêchent à monter
avant d'éclater

contre les mordants de la réalité

septante ans

soixante-dix ans
vient de sonner
sur le cadran
soixante-dix ans
bien frappés
qui tout à coup
retentissent dans ma tête
comme des cloches
à pleines volées
je ne m'entends plus penser
le carillon de mes soixante-dix ans
vient de passer
je suis plus seul sur terre
que lorsque je suis né
plusieurs de mes amis
m'ont déjà quitté
pour un autre monde
meilleur personne ne le sait
soixante-dix ans
est-ce le poids de l'âge
qui ne pèse pas
comme il faudrait
je me sens plus jeune
en dedans
comme jamais
c'est ma couche de peau
extérieure
qui ne me ressemble plus

la personne que je vois
ce ne peut être moi
j'ai tant de souvenirs
à raconter
ma mémoire est pleine
de joies de vivre
et d'instants douloureux
que j'ai connus
et que j'aime ou non à revivre
et qui sont le fruit
de mes passions
je les ai glanés petit à petit
le long des jours oublieux
soixante-dix ans
c'est l'âge que j'ai maintenant
le temps est bientôt venu
de m'arrêter un moment
de respirer à pleins poumons
le coeur battant
avant de descendre de voiture
et de laisser le train filer
à toute allure
avec le reste de l'humanité
vers d'autres aventures
soixante-dix ans
voici l'âge
comme je le sens
de tomber des nues
et d'aller planter ma vie
ailleurs

dans un grand champ de fleurs
où je me perdrai

soldat

la guerre s'en est pris
à la paix
et le visage de la vie
est devenu une plaie
la nature est en lambeaux
les champs de blé
volent en éclats
l'homme est une bête
traquée par les bombes
les armes creusent
des larmes sur nos jours
l'instinct tueur
gouverne tout
la folie
s'est emparée du gouvernail
de la vie
et partout
tout est sens dessus dessous
moi qui suis perdu sans vous
je ne vous retrouve qu'en rêve
vous êtes ma trêve
mon oasis je ne rêve que de vous
on m'a donné un fusil
ordonné de tirer
et je tire comme un fou
mon coeur fait patate
à chaque coup
je sers d'instrument tueur

j'exécute l'ennemi
tout ce qui bouge
n'existe plus
quand je presse la gâchette
la désolation s'ensuit
je suis soldat
on m'a endurci le coeur
à coup de pieds
mais parfois je suis si seul
je me demande même
si vous avez jamais existé
je suis né
entre deux guerres
la première n'a pas dit
son dernier mot
la deuxième est en train de se jouer
requiem pour l'humanité
l'apocalypse vient de commencer
mais pour quelles raisons
plus personne ne le sait

soyons fiers de nous

soyons fiers de nous
de notre existence
de notre corps
de la vie qui circule
en nous
la nature nous a créés
nous avons franchi
tous les obstacles
et nous voici
bien installés
à l'intérieur de notre
enveloppe mortelle
à l'intérieur de nous
toutes ces cellules
ces os ces artères
ce sang ces muscles ces nerfs
tout a contribué
à la fondation
de notre être
soyons fiers de nous
nous sommes les habitants
de la terre
et la terre
n'est qu'un joujou
dans l'univers
après tout
nous ne sommes rien
mais nous avons la vie

il faut la bénir
d'être avec nous
tous les jours
toutes les nuits
à chaque seconde
martelée par le temps
nous sommes
des enfants choisis
puisque nous sommes là
et que d'autres
qui auraient pu être n'y sont pas
nous formons
la chaîne
qui nous enchaîne
les uns aux autres
soyons fiers de nous
qui que nous soyons
beaux ou laids
infirmes ou miséreux
Noirs Blancs Jaunes Rouges
nous sommes
chacun d'entre nous
à notre échelle à nous
tous des dieux
à qui l'on a donné
la terre comme paradis

sur la branche cassante d'un bouton-poussoir

bien confortablement
installé
sur la branche cassante
d'un bouton-poussoir
assis entre deux chaises
atomiques
une épée de Damoclès
négligemment suspendue
au-dessus de la tête
le monde entier croque
la pomme de la destinée
et regarde le temps passer
par la fenêtre
de l'aube qui vient de naître
à la noirceur soudaine qui tombe
c'est un éternel combat
entre le commencement
et la fin
l'appétit et le dégoût
l'amour et la haine
l'espoir et le désespoir
s'agitent de gauche à droite
comme le balancier
de l'immense horloge
qui frappe chaque seconde
la marque au fer rouge
et la balance dans l'éternité

qui nous habite

tête de pioche

la vie est une terre de roc
sur laquelle quelqu'un
quelque part nous a laissés
en nous recommandant
de l'apprivoiser
de la cultiver
d'en faire un espace vert
malgré les rigueurs de l'hiver
malgré les sécheresses
prolongées de l'été
malgré les longues pluies
qui n'arrêtent pas de tomber
au moment des moissons
alors que la terre a donné
son fruit
et qu'il faut le mettre
à l'abri
se tuer à la tâche
de survivre
planter des fleurs pour le sourire
ensemencer sa terre de roc
la façonner la modeler
la faire gémir sous la charrue
suer mais ne jamais perdre espoir
parce que la récolte est à ce prix
une tête de pioche à la place du coeur
regarder passer le temps
regarder se lever le vent

contempler le soleil
contempler son couchant
vivre en harmonie
avec la terre
cette terre de roc
sur laquelle quelqu'un
quelque part nous a laissés
et qui s'ouvrira un jour
pour nous garder

tout est à portée de nous

nous avons tout
pour être heureux
bien sûr il y a beaucoup
de moments creux
de moments malheureux
où les chasseurs
que nous sommes
vont chasser d'autres hommes
trop souvent c'est la guerre
entre les hommes
entre les peuples
entre les races
nous voulons
la peau de l'autre
effacer sa trace
pour l'accrocher
à notre tableau de chasse
c'est là notre but
mais quand nous ne l'aurons plus
quand tous tant que nous sommes
nous l'aurons remplacé
par un autre
en somme
beaucoup plus noble
beaucoup plus beau
l'amitié entre les hommes
pourra naître
en même temps que la fraternité

sur terre
il faut se dépêcher
parce que bientôt
nous n'aurons plus le choix
il n'y aura plus d'alternative
il faudra ou mourir ou s'unir
pour combattre
l'ennemi que nous avons
nous-mêmes créé
et qui nous ressemble
comme un frère
il franchit les frontières
et se propage
comme la misère
il n'y aura plus
de peuples protégés
de nations riches
d'abondance gaspillée
nous serons tous à genoux
à mordre la poussière
devant ces monstres
que nous avons engendrés
l'ombre de l'humanité
suit chacun d'entre nous
nous poursuit
dans nos moindres replis
cette ombre plus gigantesque
que nous
grandit
à chacune de nos erreurs

l'équilibre de la terre
est en danger
il faut s'unir
pour la protéger
demain sera trop tard
c'est aujourd'hui
qu'il faut commencer
le plan est simple
éliminer les bombes
les armements
les armes chimiques
les déchets toxiques
reconstruire les terres
procurer de l'eau
et de la nourriture
au monde entier
redistribuer les richesses
entre les peuples
protéger nos enfants
qui sont notre avenir
les aimer les chérir
leur léguer la terre
qui nous a vu naître
comme paradis
tout est à portée de nous
il suffit de s'unir
et d'agir
en harmonie
avec la vie

tuer le temps

tuer le temps
à coups de dents
mordre
à belles dents
dedans
en souriant
de toutes ses dents
en redemander
d'un air gourmand
se rendre compte
qu'il n'y en a plus
qu'il a filé entre nos dents
de fil en aiguille
s'est faufilé
entre nos papilles
pour nous habiter
et nous voilà devenus
des enfants des femmes
et des hommes
dans l'espace temps
de notre vie
qui nous ravit
de ravissement

un jour tu es là

un jour tu es là
le lendemain tu n'y es pas
tu es parti en laissant un vide
tu es parti mais qui s'en souviendra
tu as laissé à te pleurer
souvent une femme
et quelques enfants
parfois des petits enfants
mais puisque tu n'y es plus
ton souvenir se dilue
il reste quelques photos
où tu souriais
où tu songeais
où tu en jetais trop
pour la caméra
c'était bien toi
à ce moment-là
mais maintenant
que tu n'es plus
qu'es-tu devenu
ainsi passent les saisons de la vie
ainsi tu es passé
et le passé
comme toi maintenant
c'est bon à rien
ça ne dit plus rien
à personne

un nouveau jour

un nouveau jour
c'est une nouvelle vie
qui commence
ou c'est une vieille vie
qui se poursuit
dans les traces
des précédents jours
des précédentes nuits
bout à bout
cela donne la vie
qui nous tient à la gorge
qui nous habite
jusque dans nos
plus profonds plis
à chaque jour que l'on forge
à la force brute de nos bras
à la chaleur de notre feu intérieur
des étincelles jaillissent
du métal hurlant
que nous sommes
à façonner
et qui étrangement
nous ressemble
prend la forme
de nos désirs
de nos luttes
à chaque coup de marteau
sur l'enclume

nous voici plus polis
mais moins résistants
jusqu'à ce que
le métal de chair et de sang
dont nous sommes faits
cède et nous emporte
avec lui
dans la mer de brume
dans laquelle
rouge incandescent
nous entrons sans un cri
le soleil flamboyant s'est couché
sur la nuit

un rayon de soleil

un rayon de soleil
évadé de l'astre
brûlant
est entré dans mon intérieur
sur la pointe des pieds
s'est posé sur mon nez
a délicatement
entrouvert mes paupières
pour s'y mirer
pour s'y glisser
subrepticement
je n'ai rien fait
pour le chasser
il m'apporte
des nouvelles
du soleil et des astres
qui se rappellent
sans cesse à nous
ils côtoient notre existence
la domine
de leur poste privilégié
ils observent
depuis des millions
d'années
notre passé
notre présent
et notre avenir
leur mutisme

est leur atout
et pèse sur nous
comme un mystère
quel est le gourou
qui les a installés là
au garde à vous
qui les a remontés
par je ne sais quel
puissant mécanisme
pour les faire tourner
le compte-tour
de nos jours
l'espace sidéral
est si grand
qu'il nous sidère
bien installé
qu'il est
autour de nous
notre matière grise
ne parvient pas
à faire le tour
de la matière
nous n'existons
que pour combler
les vides
et quand nous nous couchons
sur le côté
nous ne nous sentons
pas en sécurité
l'angoisse

est notre cri
que nous taisons
toutes les nuits
pour le lancer
comme un défi
à notre réveil
chaque réveil
est une naissance
nous nous sommes
oubliés quelques heures
avons perdu conscience
et le bateau a croulé
dans une mer de sable
pour mieux le matin
reprendre son chemin
dans un nouveau
sillage
vers la destination
horizon
l'horizon
est à perte de vue
il s'étend
aussi loin
que porte notre regard
pourvu qu'il fasse
clair autour de lui
il rejoint les confins
de la terre
et représente bien
notre situation

précaire
nous avançons
vers lui
il recule d'autant
sous nos pieds
pendant que le tapis
de la vie se déroule
et que nous regardons
passer les trains
à la fenêtre de nos yeux

une histoire à dormir debout

la vie est une étrange fiction
une histoire à dormir
debout
un jour ou l'autre
ou était-ce la nuit
nous naissons
et notre premier geste
est un cri
suspendu dans les airs
tenu par les pieds
nous vivons nos premiers
instants à l'envers
dans quel foutu monde
sommes-nous entrés
la tête la première
à notre corps défendant
nous sommes devenus
la réplique de nos parents
nous sommes le maillon
qui leur manquait
pour être heureux ou malheureux
et nous voilà partis
dans notre petit lit
à la chaude température
ambiante
puis notre estomac crie
et nous voici à sa merci
pour toute notre vie

nous sommes si petits
si démunis
nous sommes des créatures
terrestres sans aucun
moyen naturel de survie
autre que nos cris
ces cris que nous poussons
en espérant
être entendus
nous goûtons à tout
à notre pouce
à notre petit pied
et notre peau rose
si neuve est un délice
pour nos parents
qui nous aiment tant
et nous grandissons
confrontés avec le cycle
du temps
qui nous habite
le jour la nuit
la bouffe la digestion
nos chers petits rots
et nos couches pleines
à ras bord
les premiers cadeaux
que nous offrons
avec tant de délectation
la vie se passe
à dormir à grandir

à apprendre les mystères
qui nous entourent
nous sommes nés pour
l'amour
et nous progressons
vers notre destination
inconscients
de ses effets sur nous
pauvres petits pages devenus
nous sommes des voyageurs
en lutte contre l'inconnu
chaque jour qui bat
fait reculer ses frontières
chaque tic tac à notre peau
nous fait découvrir
d'autres régions
inconnues et nous
nous cherchons à les comprendre
avec notre minuscule cerveau
cette invention jouet
qu'on nous a mis là
dans le globe terrestre
de notre crâne
qui nous indique
que nous pensons
et nous grandissons
en sagesse et en grâce
le programme génétique
dont nous avons hérité
au hasard des chemins

de cette si grande vie
qui combat autour de nous et en nous
simplement pour survivre
exister ces quelques instants
qui lui échoient
le programme génétique
contre lequel
nous ne pouvons rien
joue sa vaste gamme
de possibles
et nous voilà tels
que nous sommes devenus
et la fiction de vivre
entre davantage en nous
nous assistons impuissants
à cette mélodie
qui se joue
à ces fausses notes
qui trop souvent
nous blessent
mettent notre oreille
notre tympan
à feu et à sang
nous sommes voyageurs
devenus
sur cette planète
nous y avons
nos allées et venues
nous y vivons
en franches amitiés

184

avec nos proches
mais nous ne faisons
que passer
au contraire du jour
qui se lève
nous ne sommes point
omniprésents
nous ne récitons pas toujours
la même vie
puisque nos frères et soeurs
sont là aussi
qui s'appuient
sur la nôtre
comme nous nous appuyons sur la leur
nous formons les maillons
d'une même chaîne
nous partageons
avec les autres
le festin de la vie
que l'on nous a servie
tout cuit
à notre naissance
et nous nous abreuvons
de fiction
notre histoire
nous apparaît banale
nous voulons connaître
l'expérience des autres
nous savons
qu'ils sont des millions

des milliards
autour de nous
et que nous faisons partie
de l'univers
dans lequel se confondent
toutes les saisons de la vie
comme à l'époque des premiers jours
nous poussons en tremblant
nos cris
en espérant que quelqu'un
se penchera sur nous
prendra soin de nous
nous amènera avec lui
en paradis

une semaine n'attend pas l'autre

une semaine
n'attend pas l'autre
les mois forment
les années
et les années
s'accumulent
comme des cheveux blancs
collés aux tempes du temps
on édifie des temples
pour braver les siècles
seuls quelques arbres centenaires
et les pierres
en ont vu bâtir
mais ils ne le savaient pas
enfermés
dans leurs têtes de bois
toi avec tes vingt ans
tu ne fais pas le poids
le poids du temps
tu ne le portes pas
avec la vie devant toi
déjà en bandoulière
le baluchon de tes rêves
au garde-à-vous
tu n'esquisses même plus
de prière
toi tu es brave
et les autres jaloux

la folie de la jeunesse
est ton plus cher bien
aussi la voit-on
à ton ineffable sourire

Val-Jalbert

bien souvent
quand tombent les ténèbres du soir
et que la tristesse
nous empoigne le coeur
il fait bon oublier un peu son désespoir
et visiter en rêvant un coin de bonheur
Val-Jalbert en est un
mélancolique et doux
qui évoque les murmures
des temps lointains
et qui rappelle aux vieillards délaissés
surtout
les échos du passé et
les beaux jours anciens
autrefois là-bas la vie coulait
merveilleuse
et l'oiseau vagabond égrenait ses
refrains
pendant que tout près roulaient d'une
voix rieuse
les flots blancs de la chute
au sourire argentin
mais une ombre a brisé
ce tableau enchanteur
et la fleur du matin aux larmes de rosée
toute mouillée déjà et couverte de pleurs
s'est sentie seule et pour toujours
abandonnée

les habitants lassés un à un avaient fui
et le ciel alors a pris sous la morne brise
une teinte affligeante monotone et grise
et les bois se sont mis à sangloter
d'ennui
depuis il ne reste qu'un ange solitaire
dissimulé sous le voile étoilé des nuits
qui garde encore ce morceau de paradis
et les quelques âmes du pauvre cimetière

visages

tous les visages
se valent
touts les visages
s'équivalent
sur la planche à dessins
de la vie
la nature a tracé d'un trait
les traits de chacun
un coup de pinceau par-ci
un coup de pinceau par-là
tous les possibles se peuvent
les combinaisons sont infinies
et puis tout à coup
nous surgissons de l'invisible
et nous voici
avec ce visage imparfait
que trop souvent nous haïssons
nous le regardons
chaque jour dans la glace
nous le referions au crayon
mais nous sommes prisonniers de lui
prisonniers de notre corps
de notre peau
cette enveloppe
que nous habitons
pour le meilleur ou pour le pire
que nous sommes à créer
tous les visages

se valent
tous les visages s'équivalent
nous sommes des êtres humains
découpés au scalpel
dans la matière multiforme de la vie
par le bistouri d'un chirurgien
surgis sans trop savoir comment
sans trop comprendre pourquoi
dans l'espace temps
de l'infini du temps
et nous faisons
notre bout de chemin
que nous avons à faire
absorbés que nous sommes
dans notre besogne
nous sommes attelés
comme des bêtes de somme
à la tâche de survivre
notre destin dans la tête
imaginé par les autres
qui sont venus avant nous
et le nôtre que nous sommes à tracer
planté au milieu du coeur
que nous édifions
à la force fragile de nos bras
avec pour seul réconfort
les rivages énigmatiques
de l'horizon
qui reculent à chacun de nos pas

vivre en français au Québec

vivre en français
au Québec
c'est se respecter
c'est faire preuve de fierté
c'est faire le bon choix
c'est utiliser sa liberté
c'est s'affirmer
c'est confirmer
la présence française
en terre d'Amérique
c'est vivre en harmonie
avec soi
le français dans la tête
le français au travail
le français dans le coeur
le français dans soi
parce que nous sommes Québécois
vivre en français
au Québec
c'est la liberté
chez soi

voici venir l'automne

voici venir l'automne
et ses chauds rayons
qui étonnent
par les beaux après-midis
multicolores
il entre dans les forêts
dans les sous-bois
habille les arbres
de leurs plus beaux atours
dans un dernier geste d'amour
avant de faire tomber
leurs beautés à ses pieds
pour les soumettre
à l'emprise du froid
troncs et branches nus
frissonnent sur des airs
monotones
que siffle le vent dru
voici finir l'automne
les journées qu'on affectionne
se font tristes et menues
elles s'apprêtent à recevoir
l'hiver la rigoureuse et sauvage saison
toute de blanc vêtue
et l'hiver encore une fois
presque à notre insu
nous impose sa venue

AMOUR

à court d'amour

j'ai le coeur vide
la tête en feu
toujours assoiffé
toujours avide
je cherche la tendresse
derrière le rempart de cils
de vos yeux
dans la forêt d'émail
de vos dents
je me suis égaré
à force de chercher les chemins
qui mènent à votre coeur
vous avez lancé vos crocs
à ma trousse
et vous n'avez fait
qu'une bouchée de moi
vous m'avez croqué
en passant
avec votre frimousse
et votre joli minois
depuis j'erre dans la nuit
j'attends en frissonnant
chaque barre du jour
moi qui vous aime encore d'amour
et que vous avez rejeté
vous m'avez fait
pour toujours
prisonnier de ma liberté

vivre libre
je n'en veux pas
donnez-moi des chaînes
que je les referme
à clé sur mes bras
je serai votre humble serviteur
votre amant soumis
pourvu que vous me donniez
un peu de votre coeur
et mettiez un terme à mon ennui

à l'orée des forêts d'émail

aux commissures de tes lèvres
imperceptibles
une parole indélébile à l'encre de ton rire
prochain
tatouage de tes lèvres et de tes dents
contre l'air inchangé des mutismes
explosion de l'espace sonore
acte précieux
unique cataplasme sur l'échancrure
d'un paradis perdu retrouvé
à l'orée des forêts d'émail

à l'origine

à l'origine
et au commencement des jours
il y avait la nuit
et puis il y eut
notre amour
plus fort que le jour
plus fort que la nuit

arrêtez l'heure

arrêtez l'heure
arrêtez l'instant
ils m'empêchent
de vivre
ce grandiose
moment
qui ressemble
étrangement
à l'éternité
de toi

Atlas

le dos voûté
par le poids du temps
je tiens le temps
sur mes épaules
de géant
chaque seconde
qui s'ajoute
et se mêle à la terre
augmente mon tourment
c'est moi qui tiens
la terre sur mon dos
et la voûte céleste
n'a plus de secret pour moi
le globe terrestre
s'enfoncerait dans le néant
si je n'étais pas là
pour le chérir
et le porter comme mon enfant
sur mes larges épaules
où il ronronne en tournant
autour du soleil
notre mère patrie blonde platine
qui nous allaite et nous réchauffe
de ses laiteux rayons de feu
le dos voûté
par le poids du temps
je tiens le temps
sur mes épaules

de géant
et depuis le commencement
des temps
alors que j'étais enfant
je porte le globe terrestre
sur moi comme mon enfant
j'ai grandi avec lui
dans les profondeurs sidérales
et nous faisons route ensemble
de mes yeux bleus globuleux
je le contemple
et j'y vois passer les ans
je ne sais quand ma mission
s'achèvera
mais j'aime la terre et ses habitants
même si personne ne m'est
reconnaissant
d'être là à veiller
sur les cinq continents

à travers la fenêtre de vos yeux

à travers la fenêtre
de vos yeux
j'ai vu la pluie tomber
comme tombent vos larmes
les volets de votre regard
battaient au vent
la tempête s'était prise
entre vos cils
et dans votre pupille
je vous sentais perdue
est-ce la douleur d'aimer
qui vous ravit votre sourire
ou la douleur de vivre
qui noircit votre horizon
vous êtes encore si belle
si jeune
pourquoi vous laisser prendre
par la pluie
le soleil est là
qui vous regarde
et vous tend la main
comme un ami

attrape mon coeur

attrape mon coeur
attrape
le ballon de mon coeur
que je t'ai lancé
léger léger il vole dans l'air
il flotte dans l'air
à la recherche de tes bras
de tes baisers
attrape mon coeur
attrape
le ballon de mon coeur
que je t'ai lancé
léger léger il vole dans l'air
il flotte dans l'air
à la recherche de tes bras
de tes baisers
mais où es-tu passée
je ne te vois plus mon coeur
et le ballon de mon coeur
est tombé sur le pavé
a fait trois bonds
puis s'est immobilisé
un enfant qui passait par là
l'a pris dans ses petits bras
et l'a amené chez lui
chez lui c'est chez moi
puisque cet enfant
c'est le mien

c'est le nôtre
il est à toi
je lui ai donné mon coeur
et lui le sien
et toi mon coeur où est le tien
je ne te vois plus
où es-tu
attrape mon coeur
attrape
le ballon de mon coeur
que je t'ai lancé
léger léger il vole dire que je t'aime
et que je ne peux t'oublier
nous avons besoin de toi
lui et moi
ton enfant le mien le nôtre
lui et moi
nous avons un coeur pour trois
nous t'aimons
même si tu nous as quittés
attrape mon coeur
attrape
le ballon de mon coeur
que je t'ai lancé
léger léger il vole dans l'air
il flotte dans l'air
à la recherche de tes bras
de tes baisers
à la recherche de notre amour
qui nous soudait au jour

à la recherche de notre amour
qui nous soûlait d'amour
attrape mon coeur
attrape
le ballon de mon coeur
que je t'ai lancé
léger léger il vole dans l'air
il flotte dans l'air
à la recherche de tes bras
de tes baisers
et de notre amour effiloché
peut-être qu'un jour
cet amour effiloché
cet amour désorienté
cousu de fils blancs
renaîtra-t-il
avec le temps
et tous les deux tous les trois
pourrons-nous de nouveau nous aimer
comme si rien ne s'était passé
attrape mon coeur
attrape
le ballon de mon coeur
pour nous aimer

au beau milieu du mois d'août

voici venir le froid
que nous avons entre nous
espace glacial
que nous ne parvenons pas à combler
il a été créé d'un brin sur rien
une parole un geste
ou le vent doux
qui murmure des tempêtes
était-ce toi était-ce moi
les responsables ne sont plus là
pour s'excuser
nous sommes
chacun dans notre trou
à habiter notre galère
que nous n'avons plus
en commun
si nous nous revoyons
un jour
nous nous serons oubliés
mais nous nous souviendrons
de ce froid
que nous avons mis
entre nous
un jour au beau milieu du mois d'août
grisés que nous étions
par la brise
et le temps doux

au cinéma de ma pensée

au cinéma de ma pensée
je pense à toi
à chaque long métrage
ou sujet court
tu es l'héroïne
ma bien-aimée

au diable les fleurs jolies

au diable les fleurs jolies
que le vent les emporte
jusqu'à ton lit
moi j'ai pris la porte
et je t'ai laissé la clé des champs
dans la nuit
à la dérobée
je rentrerai peut-être
à la maison par le soupirail
j'irai voir les enfants
sans faire de bruit
je passerai comme un souffle
un bruissement
sur la pointe des pieds
à pas feutrés
je découvrirai leurs visages
j'aurai vieilli
et leurs corps d'enfants
seront trop grands

aujourd'hui c'est la fin des temps

aujourd'hui
c'est la fin des temps
pour moi
nous nous aimions
à en perdre le souffle
la catastrophe
de l'amour éclaté
est tombé sur notre présent
a fait s'effondrer
notre amour
et tous ces jours heureux
que je ne vivais que par toi
mon univers est devenu
silencieux
parce qu'où je vais
je n'entends plus ta voix
qu'est-ce que la vie sans toi
à côté de moi
qu'est-ce que la vie
sans ta présence amie
aujourd'hui c'est la fin
des temps pour moi

aujourd'hui 14 février

aujourd'hui
14 février
la Saint-Valentin
se pointe le nez
elle entre
dans tous les coeurs
comme toi tu es entrée
dans le mien
pour y rester
pour m'y brûler
te l'ais-je dit assez
au cours de l'année
qui vient de s'écouler
que je t'aime
te l'ais-je assez prouvé
c'est toi qui embellis
ma vie
qui la rends si désirable
si agréable à vivre
à tes côtés
malgré les hauts et les bas
du quotidien
qui viennent nous heurter
comme des vagues sur les rochers
mon amour
je profite de ce jour
choisi entre tous les autres jours
pour te dire que je t'aime

te le répéter cent fois
et cent fois
mille fois
te rendre tes baisers
et ton amour
bonne fête
des amoureux

carambolage

carambolage mortel
sur l'une des bretelles
de l'autoroute
de l'amour
de l'autoroute
de l'amitié
deux amants deux amis
en déroute
déchirés par la vie
ont dérapé sur la chaussée
glissante
et fait un tête-à-queue
foudroyant
contre un des piliers d'acier
de la voie rapide
qu'ils ont heurté
à toute vitesse
d'autres voitures
d'autres passagers
du hasard
qui les suivaient de près
dans la grande course d'en avant
sur le chemin dangereux
de l'amour blessé
de l'amour brisé
les ont heurtés
de plein fouet
et eux aussi se sont retrouvés

piégés
dans ce carambolage monstre
qu'ils n'ont pas su éviter
les dommages corporels
sont nombreux
mais ne sont rien
comparés aux blessures du coeur
qu'il faut panser
et aux larmes
que les amoureux trahis
délaissés ont versé
le flot de la circulation
a été interrompu
pendant des heures
jusqu'à ce que les pompiers
arrivent avec leurs pinces de survie
pour extirper les amants flétris
coincés dans leur carapace d'acier
des débris de leur amour
les ambulanciers
appelés sans tarder sur les lieux
n'ont pu que constater
le décès prématuré
de ces amants de ces amis
que ce divorce fatal d'avec la vie
a désunis
fauchés qu'ils sont
en pleine force de l'âge
en pleine force de leur amour
carambolage mortel

sur l'une des bretelles
de l'autoroute
de l'amour
de l'autoroute
de l'amitié
deux amants deux amis
en déroute
sont tombés dans le piège
de la vitesse
ils ont accéléré à fond
sans porter attention
à l'amour
qui guidait leurs destins
à l'amitié
qui unissait leurs pas
vers les mêmes destinations
et sans crier gare
sur l'autoroute des frissons
l'accident est arrivé
les a fauchés
et leur amour leur amitié
sont partis en fumée
dans toutes les directions
happés par l'horizon
aux relents de liberté

c'est l'amour qui rend heureux

c'est l'amour qui rend heureux
l'amour que l'on partage à deux
toi et moi
et l'amour que l'on se donne
et qui nous revient
dans nos jeux amoureux
cet amour si beau si fort
qui brave les jours
qui brave la mort
qui nous rend heureux
d'être tous les deux
à défier la vie
et ses obstacles
les moments creux
qui nous font fermer les poings
et crier en dedans
jusqu'à tuer
la solitude ennemie
qui nous attend au tournant
comme cette seconde
frappée pour nous
où l'amour
a scellé nos coeurs
rapproché nos mains
uni nos destins
et nous a conduits
à cet instant précis
de notre amour

c'est si bon des baisers

c'est si bon des baisers
quand on a le goût d'en donner
c'est si bon des baisers
j'ai toujours envie d'en redemander
je suis un assoiffé de tes lèvres
un affamé de toi
quand tu t'approches de moi
que tu t'offres à moi
je prends ta bouche
et en moi entre ta fièvre
pourrions-nous être plus unis
qu'en cet instant jaloux
où nos corps se touchent de partout
ta peau colle à la mienne
tu es mienne
et je t'appartiens
tu es si près de moi
je suis si près de toi
quelques mots d'amour
quelques paroles douces
et la fièvre renaît
c'est si bon des baisers
quand on a le goût d'en donner
c'est si bon des baisers
il suffit de s'aimer

c'est si difficile

c'est si difficile
d'être heureux
d'être en harmonie
avec soi
d'être content de soi
de son corps
de sa santé
de ses amours
de son intelligence
et de son argent
qui constamment fait défaut
comme les mots d'amour
sonnant
pour t'écrire que je t'aime
la vie est parsemée
d'embûches
trouée de fondrières
où l'on tombe
pour se relever sans cesse
plus forts plus aguerris
grandis
pendant que le bonheur
devient un piège
où l'on se fait prendre
le coeur battant

c'est toujours le même jour

c'est toujours le même jour
c'est toujours la même nuit
c'est toujours le même amour
c'est toujours la même vie
recommence le même jour
recommence la même nuit
je te serre si fort mon amour
mais je ne sais si c'est pour la vie
encore un autre jour
encore une autre nuit
est-ce mon même amour
est-ce ma même vie
c'est toujours le même soleil
c'est toujours la même pluie
c'est toujours la même neige
mais est-ce toujours ma même vie
passe toujours le même instant
passe toujours le même amour
passe toujours le même jour
mais que se passera-t-il cette nuit
est-ce la même mort
est-ce la même vie
est-ce le même sort
est-ce le même ennui
tombe sur moi la neige
tombe sur moi la pluie
tombe sur moi le jour
tombe sur moi la nuit

tombe sur moi l'amour
ensemble c'est le manège
des sortilèges
et recommence toujours la même vie

champs de fleurs sauvages

quand je ferme les yeux
et je les ouvre
à l'intérieur
je vois les ténèbres
dans ma tête
c'est la nuit noire
et il n'y a pas d'étoiles
ni de points lumineux
et là au plus profond de moi
je pense à toi
je t'imagine et te recrée
je dessine tes contours
avec mes mains
et je te touche en rêves
tu n'es plus à côté de moi
pourtant je te recrée et te revois
quel est donc cet espace ténu
entre le rêve et la réalité
la réalité qui me tue
et ces rêves précieux qui me consolent
et te rappellent à moi
vastes champs de fleurs sauvages
ou encore fol espoir
entre l'aube ou la nuit

cinquante ans de vie à deux

Joseph et Rose
Rose et Joseph
fêtent leur cinquante ans
de vie commune
aujourd'hui leurs enfants
ont souligné cet événement
ils les ont gâtés
quelques instants
pour leur rendre un peu
cet amour que Joseph et Rose
Rose et Joseph
leur ont donné
gratuitement
tout au fil des ans
cinquante ans de mariage
de jours plus ou moins sages
d'épreuves et de larmes
et parfois de si grands bonheurs
tout a passé si vite
beaucoup trop vite
Joseph et Rose
Rose et Joseph
en savent quelque chose
ils vous le diront dans leurs mots
ils sont
les habitants du temps
que le temps habite
de belles jeunesses d'autrefois

qui ont eu la chance
pendant cinquante ans
de vivre ensemble
la main dans la main
le plus souvent possible
d'élever leurs enfants
de les voir grandir
de voir arriver les petits enfants
qui les remplissent tant de joie
et qui leur doivent
un peu leur existence
c'est eux leurs grands-parents
qui ont continué
la grande chaîne de la vie
dont ils font maintenant partie
Joseph et Rose
Rose et Joseph
tout au long de leur chemin
ont fait leur devoir
de leur mieux
avec entrain
à présent ils sont riches
de souvenirs
et un de ces souvenirs précieux
dont ils se souviendront longtemps
c'est cette journée
où on les a fêtés
pour leur cinquante ans
de vie commune
leur cinquante ans

de vie à deux

contre l'écueil le récif

contre l'écueil
le récif
les bateaux sinistres
s'agenouillent
passe la lame
de l'écume épanouie
je te jette à la dérive

déchéance

vivre plus bas que les pierres
au-dessous du sol
ramper dans des couloirs
souterrains
creusés par le temps
s'abreuver aux sources de l'eau
dans les profondeurs de la terre
ne plus voir la lumière
qu'à travers ton souvenir
vivre sans toi
entouré de murs de rocs
désespérer de t'étreindre à nouveau
vivre seul comme une taupe
égarée
chercher la sortie dans une voie sans
issue
ne plus savoir où se trouve le jour
t'avoir perdue mon amour

demain ou était-ce hier

demain ou était-ce hier
je courrai vers toi
je ne te laisserai pas partir
je t'attraperai au vol
je t'enchaînerai à mon destin
et j'en jetterai la clé
tu seras ma destinée
demain ou était-ce hier
j'ai couru vers toi
je ne t'ai pas laissée partir
je t'ai attrapée au vol
je t'ai enchaînée à mon destin
et j'ai jeté la clé au loin
très loin
tu as pleuré pour la trouver
j'aurais dû garder la clé
te la donner
la liberté n'aime pas
les chaînes
demain ou était-ce hier
je te libérerai
et tu reprendras ton envol
la captivité
ne te coupera plus
les ailes
va mon papillon
à tire-d'aile
la chaîne qui

te relie
à moi
est invisible
maintenant
mon amour en est la clé
demain ou était-ce hier
je t'aimerai
plus qu'aujourd'hui
moins que demain
c'est ainsi que l'on creuse
l'éternité

**demain se cherche une épaule
présente**

la matière déchue
rampe dans la boue
des siècles interminables
demain se cherche
une épaule présente
au début d'autrefois
à la naissance de la première seconde
tu m'attendais déjà
le carrefour des éternités
se disloque invariablement
les vertèbres des heures
rencontrent l'horloge abrutie
tu naquis peut-être un jour pour moi
toi mon indescriptible amour

des lunettes aveugles

des lunettes aveugles
à la recherche de paupières englouties
attendent sur la table
que remontent de l'océan
les trésors désagrégés de tes yeux

des yeux comme la cécité elle-même

des yeux globuleux
et opaques
sans regard
comme la cécité elle-même
derrière lesquels aucune étincelle
ne se montre
des yeux froids comme de la glace
des yeux coulés dans le ciment
avec une chaîne
des yeux d'où n'émerge aucune chaleur
et qui en disent long
sur la mort
des yeux d'au-delà
les yeux que tu as maintenant
quand tu me regardes
mais qui me donnent
encore des frissons

des yeux libres

des yeux libres
sans frontières
sans barricades
ouverts
au monde extérieur
tournés vers l'horizon
pointés vers le soleil
bleus comme l'azur
sans nuages
sans orages
souriants
comme ton regard
et tes dents blanches
qui me croquent en passant

de toute éternité

de toute éternité
tu étais mienne
comme le fleuve à la mer
tu m'étais destinée
lorsque je t'ai trouvée
coquillage
sur le rivage de la vie
je t'ai prise
pour t'emporter
dans les tourbillons
de ma jeunesse
et de mes bras
et ensemble
nous sommes restés
collés l'un à l'autre
par l'amour et les baisers
main dans la main
nous refaisons le chemin
du premier homme
et de la première femme
qui marchaient côte à côte
à côté l'un de l'autre
pour s'aimer
et l'âge passant
nous voilà vieillissant
mais je ne t'ai jamais trouvée
aussi jeune aussi fraîche aussi belle
non je ne suis pas aveugle

je te vois avec mon coeur

en jetant l'ancre aujourd'hui

en jetant l'ancre
aujourd'hui
dans la mer
de mes souvenirs
j'ai repassé mon passé
pour t'y redécouvrir
et voilà
que ton visage ruisselant
surgit des eaux
troubles de mes amours
et que notre amour
qui a duré tant et tant
de jours
refait surface
renaît
et mon coeur mon âme
sont de nouveau
remplis de toi
et de regrets
je regrette la déchirure
qui a coupé notre amour
en deux
qui a mis un mur
tout autour de mon coeur
et qui irrémédiablement
m'a éloigné de tes yeux
et de tes bras amoureux
en jetant l'ancre

aujourd'hui
dans la mer
de mes souvenirs
est-ce la douleur ou le délire
qui complètement
me plient en deux
sur mon petit
tout petit navire
remué par les orages
impétueux
je sens que je chavire
pour mieux retrouver
mon passé au fond de tes yeux
dans la mer salée
qui m'entoure
de ses larmes
effilées
comme des brisants
en jetant l'ancre
aujourd'hui
dans la mer
de mes souvenirs
je t'écris mes adieux
les plus touchants
et je m'endors encore
en t'embrassant

en penchant ma tête sur le billot

en penchant ma tête
sur le billot
avant qu'elle
ne s'envole
faire des ronds
dans l'eau
je pense à toi
tu fais partie de moi
mes pensées sont pour toi
tu es tout pour moi
mais bientôt déjà
je ne suis plus à moi
mon corps d'un côté
mes pensées de l'autre
ma tête qui fait
des ronds dans l'eau
te regarde
pourquoi l'as-tu mise
sur le billot
ce n'est plus le temps
des sanglots des coeurs brisés
que l'on plonge morceau
par morceau dans
l'eau de ses larmes
le temps effacera
peut-être tout
sur son passage
trop tôt devenu sage

je ne penserai plus
qu'à prendre le large
à m'évader de la cage
de tes bras
où j'étais en nage
faute de respirer
l'air salin du large
où le destin m'emporte
malgré mon émoi
d'être sans toi
perdu pour toi
comme un esquif au large
hors d'atteinte de tes bras

entre les deux extrêmes

j'ai tenté d'oublier
ton existence
dans la nuit noire
et profonde de mon rire
mais je n'ai trouvé
pour me consoler
que d'autres souffrances
et l'illusion lointaine
du plaisir
ce soir se sont envolés
tous mes rêves
et la réalité
et son bagage de feu
ont pris toute la place
qu'il y avait à prendre
et moi je ne sais plus
ce que je veux
entre les deux extrêmes
je balance
te dire que je t'aime
ou te haïr
ma passion
est une fleur rouge sang
ou une rose
venue tout droit de mon coeur
qui chavire
et que je t'ai donné
que j'ai mis à tes pieds

et que tu as piétiné
un à un les pétales
de la rose
ont été assassinés
il ne reste que les épines
pour t'en faire une couronne
et la tige
avec laquelle tu me fustiges
subterfuge de l'amour
éblouissement rouge sang
je ne te vois plus
à travers mes yeux brumeux
et embrumés de larmes
je sens que je te perds
je rends les armes
et le rêve qui t'auréole
est consumé

faiblesse

le temps passe
le temps fuit
le robinet de la vie
coule goutte à goutte
vers le tapis
le clapotis devient
une mare d'eau
qui se dirige
vers mon lit
est-ce le torrent
de mes rêves
qui m'emporte
vers vos lèvres
à trop vous aimer
je finirai
dans le ruisseau
le temps passe
le temps fuit
je le rattrape
et il s'enfuit
c'est là le piège
pour l'animal
que je suis
qui ne compte
jamais son temps
qui met ses rêves
à vos genoux
pourtant

c'est vous que je bafoue
à trop tendre la joue
je vous oblige
à être ma maîtresse
passe le temps doux
passe l'ivresse
je vous en prie
consacrez-moi
un instant
de votre jeunesse
je vous parlerai de nous
et de la très grand faiblesse
que j'ai pour vous

Francis et Nicolas

Francis et Nicolas
deux amis
deux frères
deux Québécois
comme il ne s'en fait pas
deux Québécois pure laine
sont partis
juste avant leur vingtaine
découvrir le Canada
à bicyclette
ils voulaient
à tout prix
voir du pays
après de pénibles adieux
moins pénibles pour eux
que pour nous
qui étions là
à les serrer dans nos bras
à les regarder s'en aller
ils prirent l'avion à Dorval
destination Vancouver
ils avaient l'été devant eux
pour revenir chez eux
en selle sur leurs bicyclettes
le périple périlleux commençait
5400 kilomètres d'aventures
les attendaient
ils visitèrent d'abord

Vancouver
et puis traversèrent
les Rocheuses
à la force de leurs jambes
et de leurs mollets
les Rocheuses
c'est beau c'est haut
c'est froid
des paysages gigantesques
trop grands pour leurs yeux
s'ouvraient devant eux
dormir boire manger se laver
avancer toujours
droit devant soi
sans se décourager
oublier la pluie
les intempéries
la canicule
avec en tête
le but qu'ils s'étaient fixé
terminer leur randonnée
et puis tout à coup
ce fut Calgary
et là des amis
les accueillirent
ils se reposèrent un peu
chez des gens gentils comme deux
et ils continuèrent
dans les Prairies
le vent de face

les obligea à bifurquer
décision pénible à prendre
parce que le vent
lui aussi changea d'idée
mais ils ne lâchèrent pas
de temps en temps
Francis et Nicolas
appelaient leurs parents
restés là-bas
leur donnaient de leurs nouvelles
et puis Nicolas
apprit que sa famille
avait décidé elle aussi
d'aller voir du pays
et chemin faisant
de les rencontrer
et quelle rencontre mémorable
ce fut
mais ils durent de nouveau
se séparer
leurs routes s'étaient croisées
et c'était déjà le temps
de se quitter
pour Yves Suzanne
Francis et Stéphanie
Michel Suzanne et Julie
qui partaient dans l'autre
direction
cela ne se fit pas
sans quelques petites larmes

et quelques grands frissons
mais les voyages forment
la jeunesse
et la jeunesse aime bien voyager
alors il leur a bien fallu
se dire au revoir et continuer
chacun pour soi
chacun devant soi
pour Francis et Nicolas
Winnipeg fut bien vite passée
et les Prairies
ne furent bientôt
plus que du passé
enfin l'Ontario
et ses Grands Lacs
qui se pointent le nez
la route il faut la suivre
du matin jusqu'au soir
et se méfier du désespoir
qui trop souvent prend la forme
de gros camions lourds
chargés à capacité
qui mangent toute la place
en Ontario l'accotement
ils l'ont oublié
alors les cyclistes ont la vie dure
surtout qu'il y les mouches
qui vous mangent en nuées
mais les campings sont parfois
de toute beauté

ça leur permet de se consoler
et le temps pour Francis et Nicolas
continue de passer
et bientôt
les parents de Nicolas
Michel Suzanne et Julie
avec leur minivan sont de retour
ils se fixent par les parents de Francis
interposés
un autre rendez-vous à Sudbury
encore une fois c'est la fête
encore une fois le temps est trop vite
passé
qu'il faut déjà se quitter
et les parents de Nicolas rentrent
avec leurs amis à Brossard
pendant que Francis et Nicolas
continuent
sur leur lancée
et puis c'est l'incident
qui est arrivé où Francis a failli être
blessé
par un fou du volant
qui voulait les écraser
la police s'est même amenée
les témoins qui suivaient sur la route
ont tout vu
il leur faudra témoigner
parce que Francis et Nicolas
ont porté plainte contre ce chauffard

qui a failli les tuer
et qui ne s'est même pas arrêté
il se peut même qu'ils aient à y retourner
lorsque les procédures seront avancées
Francis a la jambe écorchée
mais quand il est tombé sur la tête
son casque l'a bien protégé
alors il téléphone à ses parents
pour raconter l'accident
ici c'est l'émoi
mais il faut se reprendre
la randonnée n'est pas terminée
il reste 400 kilomètres à faire
avant d'être arrivés
la bicyclette peut continuer
Francis et Nicolas aussi
sur la route ils vont
ils approchent de leur destination
Ottawa Hull Valleyfield Brossard
ils seront bientôt chez eux
pour leur sortie finale
avec leurs parents avec leurs amis
à conter leur voyage à fêter
à relaxer avant d'entrer à l'université
ou une autre aventure les attend
pleine de plaisir d'études de travail
d'amitié
et ainsi leur jeunesse ira passant
comme la nôtre qui un jour
nous a été confiée

et qui n'est maintenant plus que du
passé
mais Francis et Nicolas
deux amis deux frères
deux Québécois
comme il ne s'en fait pas
deux Québécois pure laine
auront bien vite dépassé la vingtaine
mais ils auront en commun des
souvenirs
que jamais ils ne pourront oublier
Francis et Nicolas
deux amis deux frères
qui ont traversé le Canada à bicyclette
en soixante et onze jours
du vingt-neuf mai
au sept août 1989
sur les chemins de l'aventure
sur les chemins de l'amitié

ici je gis gelé

ici je gis gelé
quelle est cette froidure
qui perdure
autour de moi
les vitres sont givrées
et dans la toiture
claquent les clous
sous la gouverne du froid
l'hiver jaloux
s'est installé
tout à côté de moi
depuis que tu as refermé
la porte derrière toi
et que tu m'as laissé
seul à m'en mordre les doigts
ici je gis gelé
mais c'est à cause de moi
sans doute ne t'ais-je pas suffisamment
aimée embrassée caressée cajolée
voilà pourquoi
je suis maintenant
mort de froid
dans notre maison
abandonnée par le bonheur
j'ai décidé de partir après toi
de m'enfoncer dans le bois
de faire fi de la neige
et du froid

de rechercher
la trace de tes pas
dans le vent
de te retrouver
et de te prendre dans mes bras
comme si rien ne s'était passé
comme si le bonheur
c'était toi et moi
et que nous l'avions ressuscité
ici je gis gelé
perdu dans le froid
la nuit vient de se lever
et je ne t'ai pas retrouvée
tu es trop bien cachée
je donne ma langue au chat
reviens-moi
je n'ai su que te perdre
de plus en plus chaque jour
et maintenant le mal est fait
je t'ai perdue et je me perds aussi
ici je gis gelé
je peux à peine bouger
je ne sens plus le vent
je ne sens plus le froid
je ne sens plus mon corps
je ne te sens plus toi
au dedans de moi
ici je gis gelé
oublié de tous
oublié de toi

toi au moins
tu m'auras fait connaître
les grands frissons
ici je gis gelé
l'hiver a fini
par me consumer

invitation à la danse

la gueule du loup
est ouverte pour vous
entre nous
y entrerez-vous
votre rendez-vous
a les dents longues
le gosier en feu
montez voir
vous n'y verrez
que du feu
ce feu qui crépite
pour vous
vous êtes son combustible
son carburant moteur
les loups ont des dents
qui trop souvent
vous arrachent le coeur
mais en attendant
ne vous faites pas marcher
sur les pieds
et apprenez à danser

j'ai découvert un navire

j'ai découvert un navire
sur le bord d'un rivage
et je lui ai prêté la mer
je n'ai pas eu peur
qu'il chavire
je ne l'ai pas mis en cage
et sur la belle eau bleue
il vogue maintenant
il ne craint pas les vagues
ni les orages
mon navire
ce n'est qu'un navire
mais c'est celui que j'ai trouvé
sur le bord d'un rivage
je lui reprêterais la mer
j'aurai peut-être peur
qu'il chavire
mais je ne le mettrai
jamais en cage

j'ai fait serment de t'aimer

j'ai fait serment
de t'aimer jusqu'à la
lie
de boire à la salive
de tes lèvres
de goûter les coins
délicieux de ta bouche
d'être tout pour toi
de te prendre la main
et de t'escorter
pour la vie
nous sommes liés
l'un à l'autre
par les frissons
et la volupté
nous sommes uns
tous les deux
ensemble nous avons
nos secrets
nous partageons tout
chacun pour soi
l'un pour l'autre
j'ai fait serment de t'aimer
jusqu'à la lie
pour le meilleur ou le pire
le pire est derrière nous
mais c'est un agréable souvenir
nous n'aurions connu que le meilleur

et je n'en doute pas
nous avons franchi
des hauts et des bas
qui renforcent nos liens
les chaînons de nos doigts
nous unissent
par un invisible maillon
nous sommes nés
pour la solitude
mais nous l'avons vaincue
c'est une victoire
sur le désespoir de la vie
sur les divorces à couteaux tirés
qui tranchent à belles dents
dans les liens du sang
j'ai fait serment de t'aimer
jusqu'à la lie
nous avons fait serment
de nous aimer toute la vie
et nos routes parallèles
se rapprochent
à chacun de nos pas

j'aime t'aimer

j'aime t'aimer
toi et ton sourire
tes yeux moqueurs
me vont droit au coeur
le bonheur se conjugue
avec le verbe aimer
j'aime t'aimer
toi et ta douceur
ta main est une caresse
que tu poses avec adresse
sur mon coeur
pour le faire chavirer
j'aime t'aimer
toi et tes baisers
que l'on s'échange
à la volée
notre destin
est de nous aimer
j'aime t'aimer
toi et ta passion de vivre
que tu me communiques
avec ardeur
que je bois à tes lèvres
et qui monte avec la fièvre
de notre amour
à chaque battement
de nos coeurs
j'aime t'aimer

j'ai pris la peine

j'ai pris la peine
de t'aimer
avec tout mon coeur
j'ai pris la peine
de t'aimer
avec tout mon amour
j'ai pris la peine
de t'aimer
avec toute ma tendresse
j'ai pris la peine
de t'aimer
avec tout mon être
j'ai pris la peine de t'aimer
mais tu ne m'ouvres pas
les bras
tu gardes tes lèvres
à d'autres fins
que mes baisers
et au pied de ta forteresse
que j'assiège
de tous mes pièges
et de toute ma volupté
je me meurs
davantage à toutes les heures
qui passent
et me laissent pantois
sans toi
j'ai pris la peine de t'aimer

mais ce n'est jamais assez
pour toi
puisqu'à tes yeux
je n'existe pas

j'ai pris un coup de froid

j'ai pris un coup de froid
en te regardant
dans les yeux
que reste-t-il
à dire
quand le coeur n'y est pas
la folle du logis
s'est mise à danser
depuis tu ne m'ouvres plus
les bras
nous vivons tous les deux
dans de sales draps
nous ne lavons même plus
notre linge en famille
tu vis dans mon coin
moi dans le tien
notre navire pourrait
faire un tête à queue
en renversant
nous noyer
tous les deux
l'océan est un piège mortel
pour les amoureux

j'ai sacrifié ma liberté

j'ai sacrifié
ma liberté
pour mettre des chaînes
mais la geôle
est plus dorée
que les champs

j'écris pour vos beaux yeux

j'écris pour vos beaux yeux
surtout ne les fermez pas

je décochai des flèches

je décochai
des flèches
vers ton coeur
jamais je n'ai atteint
la cible
que le vide

je m'attache à toi

je m'attache à toi
par tous les temps
le temps de te connaître
et le temps de t'aimer
je m'attache à toi
par tous les vents
le vent du nord
qui souffle sa folie
et le vent du sud
qui me fait chavirer
je m'attache à toi
par tout mon sang
tu es ma chaîne
la chaîne qui m'enchaîne
et me lie
à ta vie

je me sens bien

je me sens bien
je suis bien
je suis de bonne humeur
dans ma peau
est-ce toi qui me grise
ou le printemps
qui a fait main mise
sur mon sang
tu as envahi
mon coeur
tu as envahi
ma vie
et ma tête
et mes yeux
ne se tournent
que vers toi

je ne connais rien à la musique de ton coeur

je ne connais rien
à la musique de ton coeur
je ne joue
d'aucun instrument
à corde ou à vent
mais quand
je t'ai touchée
pour la première fois
tu t'es mise à vibrer
quand je t'ai regardée
dans les yeux
aussi profondément que j'ai pu
j'ai entendu
prononcer mon nom
au fond de toi
j'ai senti la musique
de mon coeur
s'accorder à la tienne
et nos corps se sont mis
à chanter
et j'étais enchanté
de toi
de ta présence
à mes côtés
et je t'ai gardée
comme on garde un trésor
qu'aux autres on a volé

je reviens à la surface du monde

je reviens à la surface du monde
effleuré par tes bras
chargé d'expériences mortelles
incorporé de nouveau
à la réalité de la terre
entre chaque palpitation
de mon coeur effervescent
l'aube renaît
et tu renais à moi
l'éternité serait
cet instant

je sens un grand vide à la place du coeur

je sens un grand vide
à la place du coeur
un grand vide
venu d'ailleurs
me parler de toi
et de notre amour
éperdu
qui s'est enfui
dans la rue
et qui m'a laissé
nu
au dedans de moi
presque mort de froid
d'être sans toi

la chance que j'ai

la chance que j'ai
de vivre à tes côtés
à regarder grandir les enfants
qui déjà sont grands
plus grands que nous
c'est ce que nous voulons
nous ne serons pas durs
à dépasser
nous leur servirons
de marchepied
pour l'existence
comme nos parents
avant nous
et leurs parents
avant eux
la tradition
c'est de se faire piétiner
par les générations
et les unes n'attendent
pas les autres
dans la grande course
à obstacles de nos vies
enchevêtrées
comme des épées
pointées vers le destin

la fine fleur des fleurs

la fine fleur
des fleurs
c'est la femme
c'est l'amante
c'est la mère
et le charme de son sourire
ingénu
qui nous ravit
et nous transporte
dans des régions inconnues
du coeur
pour nous griser
la fine fleur des fleurs
pour moi
c'est toi mon amour

l'alchimie du verbe aimer

l'alchimie
du verbe aimer
repose
sur des baisers
ou sur des roses
que l'on aime
à donner
on ne sait pas pourquoi
on ne sait pas comment
les amants naissent en se regardant
s'effleurent du bout des yeux
et en avant la suite
des événements
l'un vers l'autre
dans un élan
deux corps
se touchent s'attisent
du bout des doigts
se fondent dans mille baisers
comme la glace au printemps
et l'instant d'après
après l'instant
on passe au rendez-vous suivant
l'alchimie du verbe aimer
se conjugue au présent
et le présent est plus porté
sur le printemps

l'amour est un soleil

l'amour est un soleil
qui resplendit
en chacun de nous
c'est le sourire sur nos lèvres
qui met de la fièvre
à nos jours
et illumine
le mauvais temps
le rend aveuglant

la planche à repasser les beaux jours

la planche à repasser
les beaux jours
a un fil à la patte
le temps s'est obscurci
et donne de la bande
le navire est sur les flots
ses voiles battent le vent
et son mat la chamade
comme celle que j'ai au coeur
quand tu m'as appris
la grande nouvelle
tu t'en vas
avec un autre que moi
et c'est pour cela
que je jette tant d'émoi
autour de moi
je repasse mes beaux jours
à me faire sauter les faux plis
que j'ai au front

l'après-présent

la réalité c'est le présent
le présent d'autrefois
qui nous raconte des histoires
qui ne nous touchent plus
puisqu'elles ne sont plus conformes
à notre réalité
l'imaginaire dans lequel nous vivons
présent spéculatif
l'après-présent
qui survient après
l'instant
l'instant de te prendre
dans mes bras
l'instant décisif
qui nous unit
et puis après
qui nous raconte
des histoires
sur notre présent
que nous sommes à passer
comme des millionnaires
riches de millions
de sensations
et pleins de verbes aimer

la saison des pluies

le temps pleure
le temps pleut
à l'intérieur
je vois ton coeur
battre la chamade
et la saison des pluies s'installer
dans tes yeux
le bonheur est un nomade
au charme de gitan
qui fait s'enflammer les coeurs
pendant de brefs instants
les fait battre quatre à quatre
batifoler d'une corolle
à l'autre
aussi fluide
aussi évanescent
que le temps
qui nous habite
en dedans

la soixantaine

la soixantaine
soixante ans que je l'attends
et puis tout d'un coup
elle me fonce dedans
ce n'est plus le temps des fredaines
de laisser son coeur volage voler
conter fleurette au monde entier
la soixantaine est arrivée
par la grande porte de la vie
pour y rester
la soixantaine a fait son nid
en moi
regardez je la porte sur moi
à merveille
elle me va bien comme un gant
elle m'habille comme un rien
elle fait partie de moi
pas moyen de me débarrasser
de sa vieille peau enveloppante
qui m'emporte avec elle
dans la tourmente
la soixantaine
soixante ans de souvenirs
soixante ans
d'expérience vécue
impossible à transmettre
la science de la vie
je l'ai dans la tête

dans chacun de mes pores
mes cellules en savent trop
sur l'existence
et mon existence est mon souvenir
précieux
que je garde avec ceux et celles
qui l'ont partagée et la partagent
tout le temps
la soixantaine est arrivée
mais ce n'est pas le bout
du monde
ce n'est pas la fin de tout
il y a tant de monde
que j'aime après tout
il y a tous mes enfants
et mes petits enfants
même s'ils sont loin
qui m'aiment malgré tout
malgré la soixantaine
qui me fait mes soixante ans
soixante ans la vie commence
la vie commence maintenant
dès à présent à soixante ans
soixante ans
même si je n'ai plus toutes
mes dents
il me reste mon sourire
que je garde toujours
en dedans
la soixantaine

à soixante ans
ce n'est que trois fois vingt ans
et la vie offre encore
tant et tant de bons moments

la traîtresse

j'ai délaissé ma maîtresse
pour la poésie
mais la traîtresse
me laisse coi
les mots que je lui adresse
ont épousé ses formes
et devant la page blanche
je reste sans voix
dans chaque phrase que j'esquisse
je distingue la couleur de ses yeux
je n'imagine que ses seins
mes mots se donnent la main
pour franchir
sa gorge profonde
et le creux de ses cuisses
plein de nuages
d'un blanc sombre chavirant
chaque minute loin d'elle
est un supplice
je l'ai délaissée
pour tracer des mots
sur ma page blanche
mais ses longues nattes
la poudre fine de ses joues
le firmament de son front
me hantent
la page blanche ne dit mot
la poésie me fait la tête

comme toi qui boudes
repliée sur toi-même
dans ton coin
j'ai délaissé la poésie
pour ma maîtresse
mais la traîtresse reste coi
et je reste pantois
pris entre deux feux
tous feux éteints
et c'est le vide que j'étreins

l'aube s'étire dans tes yeux

l'aube s'étire dans
tes yeux
déjà réveillée
tu penses
à la prochaine
nuit
ma belle chatte

le bonheur a le charme de la pluie

le bonheur
a le charme de la pluie
qui tombe
et que l'on contemple
par le carreau
sous son aile
on se sent à l'abri des orages
et des mauvais jours
le bonheur a le charme
de la rosée du soir
qui descend avec la fraîcheur venue
fait frissonner notre coeur
et lustrer notre peau nue
le bonheur a le charme
un peu fou
de la folie qui nous transit
et nous grise de partout
le bonheur a le charme
du temps cajoleur
celui qui parfois pleure
et parfois pleut dans tes yeux
amoureux
le bonheur est tranquille comme deux
il ne fait pas de vague
et reste silencieux
le bonheur
a le charme
des baisers que l'on donne

à toute volée
à la personne aimée
et qui nous reviennent
et que l'on redonne
dans une suite sans fin
de caresses et de paroles douces
le bonheur a le charme
de l'amour et de la tendresse
le bonheur c'est toi et moi
réunis à l'occasion de notre amour
que l'on déroule au fil des jours
de notre vie
au fil des jours et de la pluie

le cataclysme de la vie

le cataclysme de la vie
me broie les os
je crache sur l'existence
incompréhensible
l'interrogation soutenue
dessèche l'iris
de mes yeux
les pôles
de la nuit
carambolent
les cils de mes paupières
closes s'entremêlent
comme des épées
tu me manques
ô mon amour

le destin des fleurs

le destin des fleurs
c'est de pousser le long
des chemins dans les champs
dans les prairies
d'être cueillies
en passant par les passants
d'être humées quelques instants
et rejetées dans le boisé
ou échangées contre un baiser
qui ne durera pas plus longtemps
que l'espace de la plus courte
des éternités
l'éternité commence
sur ta bouche
le goût de tes lèvres
me fait bondir hors du temps
et je me retrouve
aussitôt
seul à seul avec toi
à l'abri de tout ce qui n'est
pas toi
l'importance de l'amour
au coeur de notre vie
nous fait combattre
les intempéries de la vie
et nous ne voyons pas
la vieillesse s'agripper
à notre peau

puisque ensemble
tous les deux
coeur à coeur
corps à corps
nous restons si jeunes
en dedans de nous
et cette jeunesse éternelle
irradie
et nous inonde de clarté
nous brillons comme le soleil
en plein midi
nous rayonnons
autour de nous
et notre amour
estompe tous les gris
de la vie
qui se dressent entre nous

le destin des rails c'est de ne jamais se rencontrer

vivre parallèles
à côté l'un de l'autre
mais si loin
vivre face à face
sans jamais se toucher
se voir à perte de vue
avec toujours le même horizon
descendre les côtes ensemble
et les monter au hasard
des chemins et des bosses
partager la même traverse
et la même couche
être cloués par des tiges d'acier
froides comme la nuit
qui nous tiennent en place
pour mieux nous séparer
vivre parce que sans l'autre
le train vapeur
de nos rêves pourrait
nous écraser
ce train vapeur qui défile
et qui sans nous
n'aurait plus de raison
d'exister
le soutenir
l'aider à nous franchir
et aller ainsi au bout de soi

fixes mais mobiles
chacun pour soi
l'un avec l'autre
l'un sans l'autre
parallèles réunis
solitaires

le jour est animé d'un sourire

les jour est animé
d'un sourire
parce qu'il est beau
parce qu'il est chaud
comme toi
il me colle à la peau

le jour se lève au plus profond de mon coeur

le jour se lève
au plus profond
de mon coeur
et au plus profond
de moi
tu es là
et ton sourire
me réchauffe
comme ce soleil
que tu portes en toi
et qui dit bonjour
au plus profond
du monde
au plus profond du jour
au plus profond de moi
ce sourire sur la terre
qui en a bien besoin
ce matin
à l'aube nouvelle
de notre nouvelle vie
à l'aube nouvelle
de notre nouvel amour

le jour se lève et
je me lève avec lui

le jour se lève
et je me lève avec lui
et mes rêves
retombent dans le puits
de la nuit
le jour se couche
et je me couche avec lui
et ma fatigue
se perd dans le creux
moelleux de la nuit
le temps des rêves
m'emporte avec lui
sur son oreiller de lunes
la folle du logis
balaie tous les recoins
de ma vie
et la poussière de plumes
soigne mes blessures
répare les fissures
sur les murs de ma nuit
les heures vont
partagées entre les jours
et les nuits
partagées entre mes deux vies
entre ma vie et la tienne
et l'amour qui nous unit
le jour se lève

et je me lève avec lui
le jour se couche
et je me couche avec lui

le jour tôt arrivé

le jour tôt arrivé
repose
une belle journée
s'ouvre
dans l'embrasure
de l'azur
incendié
l'incendie gagne mon corps
gagne ma vie
je ne tarderai pas à brûler
le temps de me consumer
d'amour pour toi

le parfait amour

le parfait amour
est en train
de se filer
ses mailles
invisibles
se tissent
comme des toiles
autour de la terre
l'amour essaie
de prendre le monde
au sortilège
de ses pièges
malgré les armes
qui déchirent
le globe terrestre
les explosions
qui éventrent
le coeur de la vie
et le sang
séché par le soleil
qui abreuve les déserts
la famine crie
vengeance
quand il n'y a plus d'autre espoir
que de mourir de faim
le sol aride dans la bouche de l'enfant
décharné
dernière

nourriture terrestre
le sable est un linceul
dans le sablier du temps
qui s'est brisé
et le sable s'est répandu
sur les terres arables
d'où la vie ne pousse plus

le sable de Sibérie

le sable de Sibérie
est de silex
un 23 janvier
blanc comme la neige
il craque sous les doigts
le désespoir est au beau fixe
l'énergie est à zéro
le soleil est entouré de brume
et je t'ai dans la tête
tu es dans ma peau

l'indignité du froid polaire

l'indignité du froid polaire
dans la chaleur de ta main
qui se refuse
accablante morsure
du temps
frimas de tes lèvre dépouillées
comme ces steppes frôleuses
à la croisée des départs

l'instant

voici l'arrêt des songes comateux
derrière le coloris négligé
des oraisons funèbres
voici le soliloque tripartite
de l'esclave à la maîtresse
de la douleur à l'aveu
du châtiment au clairon
dans la ferveur indiscrète
des choses clairsemées
hasard des festins

le Saint-Laurent coule de tes yeux

le Saint-Laurent coule de tes yeux
et va rejoindre ta joue
incertaine brisure
sur la mer excentrique
de ton visage
équivoque de l'amour
aux multiples tranchants

les détrousseurs

la réalité matraque
m'attaque
et me détrousse
comme Job je suis devenu
seul et galeux et nu
sur des chemins hasardeux
j'avance à petits pas
mort de frousse
je traîne mon grabat
qu'ils s'apprêtent déjà à m'enlever
je m'étendrai sur la mousse
je n'aurai plus de draps
je suis trempé gelé brisé
loin de vos bras
j'avais tout
puisque je vous avais
en vous perdant
j'ai tout perdu
la réalité matraque
m'attaque
et me détrousse
comme Job je suis devenu
seul et galeux et nu
mon ombre court les rues
à ma recherche
elle et moi nous nous sommes séparés
c'était un jour de grand froid
où le soleil ne faisait pas le poids

où les cloches des églises
sonnaient de désespoir
parce que vous m'aviez quitté
je les ai entendues longtemps
elles m'ont fait chavirer
et clochard je suis devenu
seul et galeux et nu
j'erre dans les rues
à la recherche de mon ombre
qui me recherche
parfois je la retrouve
au fond de ma bouteille
qui me fait une grimace
ou est-ce un sourire
et qui disparaît sans laisser de traces
quand je la tiens dans mes mains
je suis un homme dédoublé
attaqué matraqué détroussé
par la réalité avinée
et constamment dans les rues
je passe et repasse
je fais les cents pas
et la distance qui me sépare
de mon ombre de moi de vous
dure l'éternité

les petits pas des hommes

les petits pas des hommes
ces petits pas de géants
qui s'impriment
à la surface de la terre
et que le vent venu
fait disparaître
mélange à la poussière
à l'eau de pluie
à la neige
à la force des éléments
les petits pas des hommes
ces petits pas de géants
qui m'ont conduit
jusqu'à toi
et qui nous ont réunis
pour la première fois
depuis
pas à pas
ensemble
nous dirigeons nos pas
vers le même horizon

le temps pleure le temps pleut

le temps pleure
le temps pleut
la tempête s'agite
dans ton coeur
et bat aux vitres de tes yeux
la saison des larmes
descend sur nous deux
comme le soir
après un jour radieux
silencieux et anxieux
à contrecoeur
je vois notre amour
qui s'effiloche
j'entends le bruit des cloches
battre dans ma caboche
venu sonner le glas
de notre amour

le temps un jour

le temps un jour
nous rapproche
de notre amour
et en passant
nous le saisissons
dans nos bras
pour qu'il ne nous échappe pas
le temps un jour
nous éloigne
de notre amour
et en passant
il glisse de nos bras
nous nous y accrochons
mais il nous échappe déjà
le temps un jour
passe et repasse
sur notre vie et nos amours
et dresse tout autour
une auréole de souvenirs
chaque lever du jour
est un ensemencement
qui nous unit à la vie
nous réconcilie avec le temps
nous réconcilie avec l'amour
le temps un jour
nous surprend
dans sa toile
tissée à même nos cheveux blancs

disséminés dans le vent
et l'amour et la vie
bercent dans leurs bras
les petits enfants
que nous étions
au seuil de notre vie
et de nos amours
quand émerveillés radieux
nous comptions les étoiles
qui s'allumaient pour nous
au bout de nos yeux

levée de rideau

voici le spectacle
de vos yeux
que vous avez bien voulu
tourner vers moi
voici le regard que j'attendais
depuis toujours
voici peut-être naître l'amour
à l'autre bout de mes yeux
dans une région que mon
regard balaie
d'une insistance de feu
me voici bientôt transporté
le long de vos longs cils
jusqu'à l'intérieur de votre
pupille
là où se cache votre moi à vous
que je dévore déjà des yeux
ne clignez pas des yeux
ne me chassez pas loin de vous
je suis déjà à votre merci
je croyais être votre loup
mais je suis l'agneau
que vous tenez par le cou
et j'entre dans votre ombre
avec votre morsure au cou
et des larmes incendiaires
sur ma joue
bien attrapé le faux loup

que j'étais qui croyait prendre
et partir à l'aventure avec vous
puis vous oublier
l'instant venu
au claquement de ses doigts
maintenant que je suis pris au piège
à l'hameçon de vos lèvres
j'ai peur
que vous ne vous débarrassiez
de moi
comme je l'aurais fait pour vous
si j'avais pu
mais vous m'avez vaincu
avec vos belles dents
votre corps félin et vos ongles
effilés de beau chat persan
que vous m'entrez dans la peau
en riant

maman tu as vieilli je le sais

maman
tu as vieilli
je le sais
pendant que moi
je grandissais
des cheveux blancs
sont venus
parsemer ta chevelure
et les rides
arrivés de je ne sais où
se sont arrimés
sur ton visage
pour jeter l'ancre un peu partout
en toi
et te donner cet air d'automne
ensoleillé
aux couleurs de l'hiver
approchant
qui fait aussi
des vagues sur moi
comme le son de ta voix
maman
tu as vieilli
je le sais
pendant que moi
je grandissais
j'ai appris à te connaître
petit être

qui s'est développé en toi
auquel papa et toi
avez donné la vie
et qui n'a existé
que par toi
que tu as pris dans tes bras
nourri lavé cajolé chéri
et qui maintenant
avec tout ce temps passé
est plus grand que toi
maman
je t'aime tu sais
même si on ne se voit plus
aussi souvent qu'on le voudrait
la vie nous unit et nous sépare
et à mon tour
j'ai des enfants
ils ont la chance
d'avoir une grand-maman comme toi
tu m'as transmis la vie
tout appris
et je t'en suis reconnaissant
bonne fête maman
je te dis merci
en t'embrassant

ma richesse à moi

ma richesse à moi
ce sont les mots
les mots que j'écris
pour toi pour moi
pour nous
et peut-être aussi pour vous
qui lirez ces mots
quand je les aurai mis en boîte
et qu'ils se tiendront
comme un livre
que vous aurez dans la main
quand vous ouvrirez ce livre
et que vous tomberez sur cette page
où j'ai écrit
ma richesse à moi
ce sont les mots
les mots que j'écris
alors peut-être m'aimerez-vous un peu
du fond de votre vie
et penserez-vous à moi
qui vous ai écrit
ces mots
c'était hier
c'était vendredi
c'était novembre
c'était la vie

ma tête est une chambre noire

ma tête est une chambre noire
où n'entre que la lumière
jetée par tes yeux

mes illusions ne paient pas de mine

mes illusions
ne paient pas de mine
comparées aux vôtres
qui sont en soie de Chine
les miennes sont toutes nues
comme la vérité
que vous m'avez dite
et qui m'a dénudé
elles ont froid
sur leurs socles de statue
et frissonnent sous le givre
de votre regard indifférent
vous étiez mienne
c'était là ma plus grande
illusion
j'y croyais ferme
à votre amour passion
je n'y crois plus j'y suis forcé
j'ai fait une croix dessus
maintenant je n'ai plus d'illusions
il me reste tout au plus
un peu de peine
c'est pour occuper le sang
qui me traverse les veines
et qui me file droit au coeur
alimente mes larmes
qui parfois ennuagent

mes yeux
que je ne peux encore détourner de vous
nous partagions le même horizon
nous partagions les mêmes illusions
vous m'avez pris toutes les miennes
vous en avez drapé votre peau d'ébène
et êtes partie sans un mot
dans la nuit lointaine
et je suis resté sur le carreau
à jouer aux cartes avec les mots
que j'aurais dû vous dire
quand il était encore temps

mets ta belle robe anglaise

mets ta belle robe anglaise
ma petite Française
et sortons faire la foire
sur le bord de la Loire
contemplons l'eau
et les petits bateaux
qui s'agitent au vent
je serrerai ta main
tout doucement
regarde-moi dans les yeux
ils sont si bleus
aujourd'hui
ta présence me rend heureux
avec toi
je suis amoureux de la vie
mets ta belle robe anglaise
ma petite Française
et allons faire la foire
du côté du Saint-Laurent
contemplons l'eau
et les petits bateaux
qui s'agitent au vent
je serrerai ta main
très fermement
regarde-moi dans les yeux
ils sont si nuageux
aujourd'hui
ta présence me rend heureux

avec toi il fait beau
même quand il pleut
mets ta belle robe anglaise
ma petite Française
et allons du côté de la falaise
nous moquer du mauvais temps
qui fait le méchant garnement
j'effacerai les orages
de tes beaux yeux bleus
nous passerons l'amour
à faire le temps
garde ma main toujours
dans la tienne
n'oublie pas tu es mienne
mets ta belle robe anglaise
ma petite Française
et sautons tous les deux
de la falaise
pour nous envoler
sur les ailes du temps
garde ta main dans la mienne
nous ferons
pâlir d'envie tous les goélands
mets ta belle robe anglaise
ma petite Française
et envolons-nous avec le vent
du haut de la falaise
deux oiseaux sont partis pour la vie
chercher le beau temps

mon coeur est ailleurs

mon coeur est ailleurs
et ailleurs est loin d'ici
quand j'y reviens sous la pluie
par temps beau ou par temps gris
je porte la chaîne
qui me lie à la vie
m'attache à toi
pour le meilleur et pour le pire
mais le pire est déjà passé

porte d'à côté

je n'y pense plus
ma blessure s'est fermée
je crois t'avoir oubliée
tu es sortie de ma vie
comme tu y étais entrée
par la porte d'à côté
l'amour a fait un détour
et a permis de nous rencontrer
mais maintenant
que je n'y pense plus
je me mets à rêver
je rêve que je ne t'ai pas oubliée
et que tu es à mes côtés
mon imagination fait des siennes
t'imaginer ressuscite ma peine
je n'y pense plus
ma blessure s'est fermée
mais tu ne m'as pas vraiment blessé
une aventure qui n'a pas eu lieu
c'est vite passé
mais de l'avoir laissé passer
c'est bien assez à se reprocher

pourvu qu'ils s'aiment

amoureux fou de toi
je le suis je le reste
je le chante sur tous les toits
je te désire à en perdre haleine
je suis ton valentin
ton coeur en chocolat
créé spécialement pour toi
par un maître-artisan
qui s'y connaissait
en amour
puisqu'il a forgé mon destin
guidé mes pas jusqu'à toi
ma petite fleur de la Saint-Valentin
et je rougis d'amour pour toi
je profite de cet instant si court
pour te dire que je t'aime tant
et que j'aime t'aimer
mon amour

quand tu as eu 36 printemps

joyeux anniversaire
mon amour
j'ai pensé t'acheter
36 fleurs 36 chandelles
te donner 36 baisers
et faire sonner 36 cloches
me mettre sur mon 36
et sortir avec toi
et t'en faire voir 36 couleurs
t'amener à la chambre 3636
de l'un des 36 grands hôtels
de Montréal
mais tu me connais
36 idées en tête
alors j'ai pensé
t'acheter une grande carte
de souhaits de bonne fête
et t'écrire je t'aime
36 fois et puis t'enlever
pour ce soir
et t'amener avec moi
pourvu qu'on soit
tous les deux
en amoureux

quand tu pars

quand tu pars
reviens vite
pour que je n'aie pas
à souffrir
de ton absence

Québec

Québec
terre de mon enfance
qui m'a vu naître et grandir
et trop souvent te maudire
parce que je ne pouvais pas te fuir
tellement tes racines
se sont mêlées à mon sang
immense quadrilatère
peu peuplé
balayé par le vent
parsemé de lacs bleutés
d'argent
où les quatre saisons
font la loi
toutes en même temps
un peu d'hiver en été
d'été en hiver
ou un brin de printemps en automne
ou d'automne au printemps
et swingnez votre compagnie
les pieds dans la sloche
le nez au mauvais temps
mais quand il fait beau
de temps en temps
que le temps se donne la peine
de faire le beau
alors là c'est lundi
et tout le monde est au boulot

on le sait bien
qu'en fin de semaine
il fera pas beau
c'est ce que nous annonce
la météo
qui nous dit que dans le sud
il fait toujours chaud
et qu'ici il faut jamais
oublier son imper et son parapluie
tout en restant imperméable
à la pluie
ne pas oublier non plus
sa tuque de laine
ou ses mitaines
on ne sait pas
quand la tempête commencera
ni quand elle finira
mais nous sommes prêts à tout
le temps nous a toujours
mis sens dessus dessous
et maintenant avec les ans
nous on s'en fout
pourvu qu'il fasse beau
dans notre tête
et qu'on arrête
de se tenir au garde-à-vous
nous voulons jouer
dans la neige et la gadoue
sur le ventre ou à genoux
comme des enfants

nous sommes sur une terre
après tout
où nos ancêtres
ont fabriqué leur destin
avec leurs mains nues
en coupant les arbres
en passant la charrue
maintenant que nous voilà
à leur place
il faut continuer
dans leurs traces
le chemin est tracé
c'est vers demain
qu'il faut aller
mais où sont passés
les arbres et les champs
où sont passés les plaisirs d'antan
notre jungle à nous
c'est un quadrilatère de béton
où nous évoluons
en regardant parfois par la fenêtre
si nous le pouvons
pour chasser les pensées noires
qui nous plissent le front
nous voilà
chacun dans nos cases
comme des esclaves hélas
trop souvent privés de soleil et d'air
frais
le nez dans notre boulot

ou les yeux rivés
sur la télévision
à se faire happer notre vie
morceau par morceau
pour mieux vivre
au petit écran
celle des autres
ça prend moins de cran
que de s'atteler à la sienne
et d'avancer en tâtonnant
Québec
terre de mon enfance
ma mère mon père
tu es mon pays à moi
tu m'as fait sauter sur tes genoux
tout ce que je sais je te le dois
c'est toi qui me l'a appris
tu m'as montré à me tenir droit
à me tenir debout
malgré les atteintes du froid
et les chaleurs d'août
et je ne te quitterai pas à l'anglaise

rencontre

une jeune femme
tirée à quatre épingles
jolie comme vous
qui êtes jolie comme tout
sort de l'ascenseur
pour se diriger je ne sais où
j'interromps mon élan
je m'arrête un moment
et à distance des yeux
je la suis
je suis encore en transes
tant elle m'a ravi
sa beauté n'a d'égale
que la somptueuse fourrure
qui lui va comme un gant
et qu'elle porte négligemment
sur ses épaules
et qui la borde au cou
froide beauté
vous avez été créée pour me glacer
et la glace me fait frissonner
les frissons que j'ai
je vous les dois
de vous voir soudain
à quelques pas de moi
l'embrasser cet autre
qui était au rendez-vous
et que je hais déjà

j'aurais aimé être lui
pour cet instant surtout
où vos lèvres se sont posées sur lui
sur sa bouche et sur ses joues
dans vos yeux que j'observe
je vois passer l'amour
c'est lui que vous aimez
et il vous aime
je le sais
mon coeur un instant palpitant
soupire brûlant
les frissons de fièvre qui me restent s'en
vont
je vous tourne à jamais le dos
et regagne mon for intérieur
que je retrouve dans l'ascenseur
et je retourne au boulot
ce midi
ma jeune et froide et belle amie
vous avez été mon soleil
de minuit

ses yeux

je suis ses yeux
elle est ma nuit

toi ma fée

la bête reprend du poil
le chameau de la bosse
toi ma fée
tu me carabosses
et tu reprends du mieux
pendant que j'empire
dans mon délire
les frissons sont venus
puis repartis
ta tête nue
je l'ai tenue
entre mes doigts
affamés de tendresse
je pourchassais
des déesses
tu en avais le corps
et moi l'ivresse

tu es ma raison d'être

tu es ma raison d'être
mon existence même
ma passion
feu dévorant tu me consumes
et de mes braises
je renais
pour nous enflammer
au combustible de nos baisers
et de nos caresses
femme de ma vie
tu es à mon côté
mais parfois l'ennui
vient tout balayer
et sur les jours embrumés
des ombres naissent
mais se dispersent
au détour
d'un sourire
ou d'une parole douce
ensemble nous sommes
tout à la fois
l'univers multiforme
que nous représentons
et qui nous met à son diapason
et le monde naissant
que crée chacun de nos jours
et que nous découvrons en riant

tu es mon illusion

tu es mon illusion
mon poème
ma souveraine
tu es mon amour
ma solitude
mon soleil
tu es mon oiseau
mon île
ma colombe
tu es mon nid
ma tendresse
mon autrefois
tu es tout pour moi
mon présent
mon avenir
mon ailleurs
tu es moi

tu n'es plus là

la vie m'inspire
chacun de mes pas
elle est à mon origine
elle a conspiré
pour que je sois là
à vous tendre les bras
j'ai besoin d'une poitrine
sur laquelle reposer
ma tête de bois
et la peine que j'ai
partager la peine que j'ai
avec quelqu'un d'autre
que moi
déjà je la coupe en deux
une moitié pour moi
l'autre pour toi
mais tu n'es pas là
tu n'es plus là
le fardeau de vivre
telle est ma croix
et tous les jours
il ne repose que sur moi
ce sont des jours
dont je saurais me passer
mais à les passer
le coeur s'allège
et bientôt ils ne sont
que du passé

334

ces jours sombres
si bien mélangés
aux jours gais
des anciennes années
qui viennent me hanter
à les imaginer
il me semble là aussi
que c'était
le bon temps
c'est parce que je n'ai plus
les deux pieds dedans
je vous aimais tant
si éperdument
et cela m'aidait
à passer le temps
l'amour était devenu
mon passe-temps
il occupait tout mon temps
ma tête était pleine de vous
mon coeur plein d'amour
pour vous
jusqu'à m'oublier
complètement
quand je vous ai perdue
j'ai tout perdu
je vous aimais tant
maintenant je vis dans le passé
maintenant j'analyse
mes jeunes années
je passe mon temps

à vous ressusciter
je suis un coeur perdu
romantique et échevelé
au milieu des tempêtes
qu'il me reste à traverser
j'essaie de garder la tête haute
et je me forge un coeur
dans lequel il n'y aura plus
de place pour vous
dans lequel
il n'y aura plus de place
pour l'amour

tu t'étires dans le matin

tu t'étires
dans le matin
je vois naître le soleil
dans ton sourire
tu fais le chaton
et moi des câlins
nous sommes des félins
que l'amour chavire
nous profitons l'un de l'autre
aussi fort que nous pouvons
dans nos caresses
passe toute notre tendresse
et les mots que nous disons
nous traversent de frissons
l'amour fou
c'est de nous aimer
et les doigts noués
nous partons ensemble
chacun dans notre sommeil
où le temps ne se compte plus
la quatrième dimension
nous l'avons trouvée
elle bat dans notre tête
occupe toutes nos pensées

un incroyable jour s'est levé

un incroyable jour s'est levé
sur la planète infiniment
inutile
des millions de soleils
se sont noircis comme des taches
et la lumière a peut-être disparu
aux antipodes s'en retournent
amalgamés jusqu'à la lie
les vestiges vertigineux
de la tendresse obsessionnelle

un oeil penché dans le noir

un oeil penché dans le noir
prisonnier dans le noir
broie du noir
il cherche la lumière
au plus profond de son coeur
au plus profond de lui
mais son coeur est vide
son coeur est froid
la lumière s'y montre parfois
s'éteint renaît vacille
à cause de toi
un oeil penché dans le noir
prisonnier dans le noir
broie du noir
il cherche la lumière
qui l'éclaire et l'allume
il te cherche toi
il t'imagine et te voit
toi son amour éperdu
comme tu étais autrefois
et la lumière dans son coeur
scintille de chaleur
fait fondre les murs de glace
qui l'entourent
et puis l'oeil t'aperçoit
au fond de lui
tu y gelais dans
les méandres de sa pensée

voilà que la chaleur
l'envahit
que la lumière l'auréole
tu ressuscites
son amour
le seul amour
qu'il ait connu
qu'il a perdu
qui y a creusé ce grand trou
au centre du coeur
mais tu es revenue
et la flamme nue
au fond de son coeur
est devenue un feu
allumé à l'incendie
de tes yeux
un oeil dans le noir
libéré du noir
a brisé le noir
qui l'entoure
c'est ça l'amour
le grand amour
la petite flamme
au dedans du coeur
l'incendie au fond
de ses pensées
le brasier qui s'éteint
en toi
et se rallume au son
de tes baisers

un oeil dans le noir
ferme l'oeil
et l'ouvre à la nuit
constellée d'étoiles
à l'intérieur de lui
dans la chaleur du brasier
de tes bras
mais est-ce l'amour
qu'il étreint
pour garder son coeur au chaud
durant les longues nuits
qu'il lui reste à rêver
ou est-ce bien toi
tête blonde
sur l'oreiller de plumes
d'une épaule nue

vivre à deux sur une banquise

vivre à deux sur une banquise
et ne plus sentir la morsure du froid
c'est aimer une personne exquise
c'est t'aimer toi
ma belle marquise
époustouflante de beauté
dans la blancheur de la neige
qui fond sous tes pieds
ton corps dégage tant de chaleur
le pôle nord est une plage de sable blanc
et le froid ambiant ne vient pas de nous
mais de l'océan arctique
qui étend ses glaces autour de nous

vivre confronté à soi-même

vivre
confronté à soi-même
à la merci
de son destin
un as de pique
dans chaque main
l'as de coeur
en plein coeur
prêt à s'envoler
entre deux inspirations
ou à tomber à vos pieds
sur le palier
allez-vous vous pencher
pour le ramasser
ou faire un geste pour l'attraper
je vous suis si lié
pour le meilleur ou le pire
sans vous
j'ai le coeur qui chavire
je serais sur le carreau
ou dans un champ de trèfles
à quatre feuilles
pissenlits entre les dents
votre morsure dans le cou
confronté confondu
sans atout

vos baisers

vos baisers sont tièdes
comme de l'eau
morte
en mettant mes lèvres
sur votre joue
je n'ai pas senti
de frissons
je me suis perdu
corps et âme
à vos pieds
mais vous n'avez
pas daigné baisser
la tête vers moi
vos deux beaux yeux bleus
en regardent d'autres
et franchissent des frontières
illicites
vous ne m'appartenez plus
mais m'avez-vous déjà appartenu
je suis né pour être esclave
et vous ne vous en plaignez pas

INTELLIGENCE

à la recherche du temps perdu

vivre dans une dimension
inconnue
où les années n'existent pas
où la distance est résolue
puisqu'il suffit d'y penser
pour être là
voguer au gré du désir
dans le passé ou l'avenir
voyager à travers le temps
sans jamais y entrer vraiment
esquisser de son aile
l'éternité qui pour une fois
se conçoit
et se compte
comme le sel
extrait des océans
vivre dans une dimension
sans précédent
où les voyageurs entrent
dans le temps
sans jamais l'absorber vraiment
devenir une étoile filante
dans la nuit des temps
à la recherche de la vérité
sur l'existence
à la recherche
du cri primal
extirpé du silence

à l'heure du repas feutré

à l'heure du repas feutré
où la boustifaille est de service
l'estomac se crispe de honte
la digestion est à reprendre
le corps nourri irréversiblement
marche d'un pas mélancolique
lugubre puisque c'est ainsi
les images se rapprochent
hurlent les gens assoiffés
les néons ne craignent
que la barre du jour
la désapprobation sensorielle
est à bout de force
les objets retrouvent
leur signification première
pendant que l'éternité s'écroule
la déflagration éclate
tout est diminué

à la vie

à
la
vie
vite
vécue
je lève
et tinte
mon verre
et je bois à
votre santé
sans oublier
tout à fait la
mienne qui trop
tôt déjà me fait
défaut voici mes
bras bien faibles
qui ne s'ouvrent que
pour vous embrasser
et vous serrer sur mon
coeur d'argile fragile
comme l'instant qui naît
chacun des soupirs muets
que j'ai versé pour vous est
à vos pieds et ils y reposent
secrets témoins du fol amour
que j'entretiens pour vous qui
restez si lointaine mais belle
comme cette rose que vous teniez

entre vos doigts charmants et qui
vous a pris une goutte de votre sang
et que vous avez rejetée d'un revers de
votre blanche main comme moi ce
matin
alors que je vous demandais votre main
j'ai pleuré crié mais maintenant je bois
toute la journée à votre santé et l'alcool
seul a détourné mes folles pensées de
vous

allo

la pluie tombe
sur ma patrie
depuis des jours
l'eau monte
partout
le moral est au plus bas
c'est la fête sans fin
de l'eau
une fête que n'en est pas
imperméables et parapluies
bottes de caoutchouc
on les voit jours et nuits
les gens sont marabouts
et se renfrognent
le soleil est-il parti
pour la vie
l'été est si court chez nous
le déluge est de la partie
et la terre ne boit plus
les alcooliques sortent
de leur anonymat
tout le monde arrête
de boire
faute d'espoir
l'enfer de l'eau
c'est loin d'être du gâteau

apprendre

apprendre au jour le jour
à se passer de l'amour
apprendre à ramper
dans la boue la saleté
apprendre à marcher
sur ses deux pieds
apprendre à s'élever
à porter son regard
sur l'horizon blafard
et à le percer
apprendre à fouiller
dans le brouillard
qui embrume ses idées noires
apprendre à trouver
apprendre à parler
à réciter des paroles douces
comme des litanies
apprendre à se servir à la caisse
à ranger ses armoires
à faire le tour du dépotoir
apprendre à faire le fou
à rire tout son soûl
à se retrouver seul
dans un lit
apprendre à étreindre son mal
à dompter son mal de vivre
et puis apprendre à fermer les yeux
et à s'oublier pour les autres

apprendre la charité
la douceur l'amitié
apprendre à pleurer
en dedans
et à se laisser aller
apprendre à respecter
son prochain
à maîtriser son destin
apprendre à vivre
tout simplement
en souriant
apprendre à donner
libre cours aux battements d'ailes
de son coeur fragile
apprendre à se laisser aller
et à aimer
apprendre à comprendre
apprendre à maîtriser
et puis s'abandonner
à son souffle intérieur
qui nous rappelle
constamment à la vie
apprendre à déchirer ses craintes
à faire un homme de soi
à faire une femme de soi
à être soi
apprendre à porter la vie en soi
à la transmettre
à la propager
parce que c'est notre seule foi

notre seule loi
et notre seule espérance
pour nous dépasser
apprendre
que c'est la vérité
et que la vérité est multiple
apprendre à la multiplier
apprendre que tout n'est que cendres
apprendre que ce qui monte
aspire à descendre
apprendre la tendresse
parce que c'est tout ce qui nous reste
au bout de notre âge
lorsque notre destin est accompli
et que notre visage est une fleur
flétrie
apprendre la force du vent
et l'utilité de la poussière
apprendre l'humilité

aujourd'hui le temps est si moche

aujourd'hui
le temps est si moche
que le soleil s'est pendu
l'horizon sanglant
se recouvre de noir
la tête de l'enfant blond
a basculé dans la nuit

à vous qui savez

à vous qui savez
je vous prie de m'envoyer
ce que vous savez
où vous savez
signé
qui vous savez

battements d'ailes

le martèlement
des petits pas
des gens
sur les trottoirs
des édifices
ces grands parcs
à enfants attardés
faune multicolore
bigarrée
chaos des mille et une nuits
de pacotille
étincellement
des néons accrocheurs
bruit des chaînes tendues
à se rompre
l'épouvantable cri étouffé
de la liberté
mise en cage
sous verre

ce que j'écris

ce que j'écris
franchit l'espace
blanc des feuilles
d'un automne décoloré
par l'hiver
trop tôt tombé
en flocons

comme un linceul

le temps s'étire
comme un linceul
s'il se déchire
on reste fin seul
dans sa prison
derrière les barreaux
de la nuit derrière
les barreaux de la vie
qui passe
qui s'infiltre
malgré les écueils
que l'on glisse
sous ses pas
nous sommes des prisonniers
aux vêtements striés
à la fenêtre de la vie
empêchés par les barreaux
nous regardons passer
les trains
qui hurlent dans le lointain
la complainte de notre destin
que crachent les cheminées
placées en rangées
comme des rails
vers l'horizon

cour de scrap

la beauté des visages de ferraille
sculptés dans le fer
du métal
l'enfer de l'acier fondu
comme une rigole
enfantine franchie
par les larmes du matin
vapeur de la douleur
odoriférante
chair consumée
par les feux de Bengale
de la vie
sans artifices sans éclats
que ce seul sourire
posé comme l'espoir
de l'aube sur les matins
toujours naissants
fruits rejetés de la nuit

dans la mer inattendue des sommeils

subrepticement le cargo coule
dans la mer inattendue des sommeils
forgés de la chair et de l'os
le monde précieux de l'inconscience
se brise en mille particules distinctes
au bruit de la présence inconnue
qui croule soudain
comme des amarres rompues
sur d'autres berges où les sables
innombrables
heurtent le roc et la pierre
les sens coalisés baignent
dans l'éther mouvant
à la recherche inconsistante
de la clé première

dernier appel

société
instinctivement
je me penche vers toi
j'abrite ma tête
sur ton épaule surpeuplée
tes membres multiformes
me soutiennent
pour mieux m'engloutir
me happer vers ta bouche
vorace
dans laquelle broyé
je disparais
par souci de conformité
je n'existe plus
je ne suis plus personne
je ne suis plus moi
je suis cette chair meurtrie
attendrie au marteau-compresseur
avec d'autres chairs meurtries
je place un dernier appel
mais tu ne nous entends pas
puisque tu es notre invention

éclairages divergents

les univers forment l'univers
les mondes forment le monde
l'énergie de la matière et des êtres
animent le tout
tout est relié interrelié
chamarré soumis aux éclairages
divergents
qui deviennent nos lois

équivoque

sur des épaules pâlies
squelettiquement mortuaires
parallèles à ce visage désuet
les mèches blondes tombent
le plancher se recouvre
tout est comme un lit

faites des rêves

faites des rêves
vous irez loin

fragile passager des océans

mes souvenirs
ont jeté l'ancre
sur mon bateau
je me prépare pour la nuit
dans ma chambre de capitaine
sur le mur gris
je compte mes fredaines
et je souris
la mer incertaine
est mon nid
le passé le présent l'avenir
ne me font plus un pli
j'ai fait halte
pour la nuit
demain je lèverai l'ancre
et je suivrai le vent
jusqu'à la prochaine nuit
si je rencontre un port
ou un île
j'irai m'étendre
dans ses bras fragiles
comme le plus fragile
passager des océans

fumée noire

le dépôt de pneus de Saint-Amable
est en feu
la fumée toxique
monte dans le ciel bleu
de Montréal
et de ses environs
noircit l'air et nos poumons
immense trait de plume
comico-tragique
qui nous parle
de notre manque de planification
de notre condition de con
on qui est un con
nous a laissés
amasser
cinq millions de pneus
dans un décor
de champs de patates
en pleine campagne québécoise
à côté de deux millions de population
le drame impensable est survenu
la nappe phréatique
notre réserve d'eau potable
sera touchée
le pneu de Damoclès
ne se balance plus
au-dessus de nos têtes
il a pris feu

et la terre sur laquelle nous vivons
et l'air que nous respirons
crient vengeance
que les responsables
soient pris en joue
qu'ils tombent à genoux
de honte
et que de ce tas de cendres de sable
et de pétrole de mauvais goût
surgisse après coup
la société écologique
que nous portons en chacun
de nous

ghetto

derrière le gargouillis
des tripes vides
un homme n'y est pas
il n'y a que des bras tendus
partout partout
les ventres affamés
se tairont sans doute
après

halte là

le Québec c'est fini
halte là
le Canada est là
le Canada c'est fini
halte là
les USA sont là
et prennent toute la place
l'Amérique du Nord est un tout
dont l'ampleur s'étend
en cercles concentriques
sur la terre
l'anglais entre
par nos oreilles
c'est le langage uniformisé
des nouveaux dieux
de la planète
les chansons rock
font le tour du monde
le village global
est à nos portes
et passe par notre téléviseur
sur l'écran
les petits points
racontent l'histoire musicale
du monde
la musique pop
est le nouvel art sacré
et ses fans ne se comptent plus

la religion de l'oeil et de l'oreille
interreliés
a fait son apparition
et sur notre écran
vidéo intérieur géant
passe en couleurs
et en quadraphonie
des groupes hétéroclites
et échevelés
qui dansent dans nos pensées
gesticulent
leurs façons de vivre
et la suggèrent
au monde entier
dans une langue
qui ne nous appartient pas
mais qui s'en soucient
puisque les frissons sont là
nous sommes spectateurs
et nous allons le rester
perdus dans notre for intérieur
à l'ombre des USA

ici vous êtes un numéro

ici vous êtes un numéro
vous n'êtes plus personne
quand vous entrez
vous laissez votre identité
à la porte
vous prenez votre numéro
et vous vous y accrochez
comme si votre vie en dépendait
vous n'êtes pas satisfait
de votre numéro
allez vous plaindre
au département des plaintes
allez leur faire votre numéro
mais ayez bien soin
de prendre un autre numéro
parce que l'autre file est encore plus
longue
et qu'à votre place
je ne perdrais pas ma place
regardez tous ces autres numéros
qui vous regardent
qui vous envient
parce que vous êtes
arrivés avant eux
et qu'on voit votre tête
qui dépasse dans la queue
baissez la tête
baissez le front

baissez les yeux
rentrez
au-dedans de vous
dans votre coquille
pour être semblable aux autres
et gardez à tout prix
votre numéro à la main
il vous est plus cher que votre pain
si vous le perdez
il faudra tout recommencer
les papiers la file d'attente
les jeux de coude
les regards glacés
et votre vie passera
durant ce temps-là
elle est si courte
ne la gaspillez pas
dans les queue leu leu
restez à votre place
derrière l'autre
qui ne vous voit pas
et devant l'autre
qui ferait tout pour
vous voler votre numéro
et prendre votre place
cinq milliards d'hommes
de femmes et d'enfants
se lèvent comme vous chaque matin
leur numéro dans leurs mains
vont prendre leur place

dans l'engrenage de glace
de notre pain quotidien
au creux de leur ventre
leur appétit de vivre
et de profiter de la vie
qui s'ouvre pas à pas devant eux
un jour à la fois
ont-ils comme vous
pris le bon numéro
comptez sur le hasard
pour être mauvais tireur
le coup de feu du sort
est parti
et vous dans la grande noirceur
vous êtes entré
votre numéro à vos pieds
ils se sont jetés sur lui
pour se l'arracher
et personne ne vous
recouvrira de fleurs

il faut savoir où l'on va

il faut savoir
où l'on va
pour pouvoir
y aller

j'ai écrit ce poème

j'ai écrit ce poème
en espérant
vous y trouver dedans
j'ai eu beau
crier je vous aime
et le répéter cent fois
sur la page
au fond blanc
mais je ne vous y ai pas vue
où étiez-vous passée
lorsque je vous aimais
je vous couchais
avec délices entre les lignes
et sur chacun de mes mots
vous étiez libre de vous glisser
ou de me quitter
selon votre plaisir pourtant
quand vous y mettiez les pieds
c'était à reculons malgré vous
vous y faisiez quelques pas seulement
en dansant en riant
puis repreniez votre envol
et ma plume ne parvenait pas
à vous accrocher au vol
vous étiez si gracieuse
et je vous aimais tant
j'ai écrit ce poème
en espérant

vous y trouver dedans
mais comme vous n'y étiez pas
je me suis mis en boule
et vous m'avez jeté au vent
une jeune femme qui passait par là
avec ses belles dents
curieuse m'a déplié
et en me lisant
s'est écrié
on n'écrit plus comme ça
depuis vingt ans
depuis je vis dans la corbeille
à papier
ma plume entre les dents

j'ai essayé

j'ai essayé
de faire comprendre
aux murs qui m'entourent
qu'ils n'étaient pas à leur place
je les ai abîmés de bêtises
jusqu'à leur dire
qu'ils étaient mal construits
j'ai essayé de franchir
ces murs qui m'entourent
derrière lesquels se cachent
encore d'autres murs
d'autres labyrinthes
et avenues
qui me laissent
coeur et âme nus
à la recherche
de la clé première
celle qui ouvrira
les fausses portes
et puis la vraie
qui me conduira
jusqu'à toi
quand j'aurai franchi
les murs abyssaux
pour lesquels il n'y a pas de mots
inventés à ce jour
pour les décrire
je te trouverai

et te délivrerai
ma princesse des arcades
la vie est une escalade éternelle
de murs élevés
et de labyrinthes profonds
d'où nous sommes sortis
et que l'on contemple
comme un défi
à notre liberté

j'ai pris le téléphone

j'ai pris le téléphone
j'ai signalé
ton numéro
à l'autre bout du
téléphone
qui sonne
personne
tu es là je le sens
la sonnerie lasse
s'éteint
pendant que moi
je raccroche
il n'y a personne
au numéro que vous
avez composé
le contact a été coupé
la communication
sans interlocuteur
est un monde fermé
pourtant j'avais tant
de choses à vous dire
j'y pense
je vais vous écrire
sur la feuille blanche
directement de mon coeur
je laisse aller ma pensée
et elle remplit des pages
et des pages

après tout ce temps
consacré à vous écrire
je me relis
cette lettre est un livre
que j'envoie à l'éditeur
l'éditeur charmé
médite
avant de m'éditer
il doit y penser
et puis qui voudra
d'une histoire d'amour
vieille de vingt ans se demande-t-il
et d'un auteur aux cheveux gris
le front dégarni
alors il me renvoie
le tout que je reçois
comme un colis à la poste
alors je me dis
personne n'en veut
mais il y a peut-être elle
que j'ai perdue
de vue
mais que j'aimais tant
à qui laisser ce monument
je me sens si vieux
je finis par trouver
son adresse dans un de mes carnets
d'antan
je vérifie et je le lui envoie
avec quelques mots

d'excuses pour avoir
pris tout ce temps
et je n'en entends plus
parler
jusqu'au jour de mon
enterrement où tout vieux
tout beau je fais le beau
dans ma tombe
alors elle vient
s'agenouille
et me remet mon manuscrit
sur le coeur
là d'où il était parti
ah si j'avais la chance
d'être vivant
je vous vois bien
vous savez
vous êtes toujours aussi belle
je vous prendrais
dans mes bras
je vous bercerais dans mes bras
je vous l'ai dit
dans mon livre
que vous m'avez remis
ce qui aura marqué
notre union
c'est notre absence
de communication
je téléphonais mais
vous ne répondiez pas

je vous ai écrit un livre
dédié un livre
vous étiez mon histoire
mais vous ne m'avez donné
aucun signe de vie
autant écrire à un mur
elle ne veut plus rien dire
l'histoire à présent
puisque personne ne la lit
autant qu'elle me revienne
j'en ai tous les droits
alors le manuscrit
dans l'autre vie
je l'apporte
peut-être y aura-t-il
là quelqu'un d'instruit
qui aime lire
et qui aura du temps
à consacrer
à un best-seller
qui a foiré

j'ai pris ma tête sous mon bras

j'ai pris ma tête
sous mon bras
l'amenai
avec moi
j'avais fière allure
avec mon attaché-case
sous l'autre bras

je m'étais attablé

je m'étais attablé
et je regardais
béatement mon assiette vide
occupé que j'étais
depuis des heures
à m'alimenter de souvenirs
et à digérer mon passé

je parle comme un livre

je parle comme un livre
mais je suis entouré
d'analphabètes

je repars pour mes espoirs

je repars pour mes espoirs
si brièvement entrevus
entre deux poubelles au dépotoir
de mes idées assassines
près des conserves pourries
souillées jusqu'à la racine de l'être
facétieusement imbrogliées
dans la putréfaction attentive
les beautés de l'enfance engloutie
régurgitent les rides de ma main
l'odeur des vieilles crevasses
mon visage amoindri de moitié
jusqu'à la nausée vide
d'éclats célestes
traînent parmi les hommes
aux regards arrachés
l'absence inaccessiblement
se reconstruit

je suis un pigeon

je suis un pigeon
je vis sur un pont
je vois passer les autos
qui passent
sous les capots
des moteurs puissants
qui grondent
et des mains que je distingue
agrippées au volant
de la destinée
parfois je lis
dans la pensée
de ces passagers des ponts
qui se déplacent
d'un point à un autre
furibonds d'avoir perdu
leurs illusions
sur la liberté
enchaînés l'un à l'autre
par les gaz d'échappement
qu'ils déversent
dans l'air
et qui montent jusqu'à moi
et que j'hume
comme du poison
la pollution emplit le ciel
j'en ai plein le nez
de votre manque de considération

passagers des ponts
pensez au pauvre pigeon
qui a fait son nid
contre des poutres d'acier
je suis un pigeon
je vis sur un pont
je vois passer les autos
qui passent
comme des oiseaux sans ailes
à la file indienne
je vous vois passer
comme le temps qui passe
et j'espère
que vous finirez bientôt
de faire les cons
et que vous resterez
chez vous
dans vos petits nids
bien molletonnés
bien chauffés
à goûter à la liberté retrouvée
d'être chez soi
sans être dérangés
par qui que ce soit
et surtout pas
par des pigeons

je suis un poète

je suis un poète
que les mots écrabouillent
et qui finira
dans une mangeoire
à chameaux
au milieu
du désert

ils étaient 24 finissants

ils étaient
24 finissants
de la Colline du Haut Savoir
comme ils l'appelaient
en riant
avec beaucoup de fierté
dans le regard
ils finissaient
leur cours classique
au Séminaire des pères maristes
de Roberval
juste un an avant
que le cours classique
ne cède la place au cégep
c'était l'an 1967
l'année de l'expo
l'année de tous les espoirs
puisque tout était permis
leur jeunesse
n'était-elle pas leur grande amie
et l'avenir pour eux
n'avait pas de frontières
ils étaient amoureux de la vie
chacun a pris son baluchon
sur son dos
et s'en est allé
sur le chemin
chacun a fait de son mieux

avec le talent qu'il avait
pour se rendre
au bout de son ambition
souvent dans l'incertitude
parfois dans le chagrin
au prix de difficiles
études universitaires
au prix de douloureux
changements d'orientation
mais chacun a donné
sa mesure
selon ses secrets désirs
et les années ont passé
à quelques reprises
ils se sont rencontrés
serré la main
heureux de se voir
ont jasé de choses et d'autres
se sont parlé de leur vie
qui passait
de leurs épouses
de leurs enfants
qui grandissaient
de leur famille de leurs divorces
de leurs parents
de leurs amis
de leur travail
de tout ce qui constituait
un sujet d'intérêt
entre eux

un lien d'amitié les unit
ils ont passé un bout important
de leur vie ensemble
dans ce lointain et si beau pays
qu'est le Lac-Saint-Jean
et les voici
de nouveau réunis
pour le conventum de 1990
c'est déjà le 23 juin
ils ont 23 ans de plus
au cadran de leur vie
c'est l'été qui recommence
l'été de tous les destins
que chacun lève son verre
pour célébrer le conventum
de l'amitié

la conscience

la conscience c'est cette petite
boîte noire
cachée dans le cerveau
qui témoigne
de ce qui s'est réellement passé
quand nous étions pilotes

la corde à linge

la corde à linge
horizontale
suspendue
entre ciel et terre
attachée aux extrémités
sidérales
porte le fardeau
de nos fautes
lavées
par le déluge
et séchées par le temps
la corde à linge fragile
comme un cordon ombilical
transmet la vie
d'un point à un autre
l'agite la suspend
dans l'espace
l'espace de nos vies

la dérive des continents

il n'y a plus assez de raisons de vivre
alors la guerre arrive
pour passer le temps
et l'humanité
résolue à s'entretuer
part à la dérive
comme les continents

la générosité

la générosité
porte à faux
quand les porcs qui en abusent
se moquent de vos bonnes intentions
vous crachent au visage
et en redemandent
pour mieux s'emplir
à vos dépens
la panse bien pleine
ils sirotent votre sang
se curent les dents
avec vos os
et pour vous remercier
vous demandent
de desservir
en vous disant
de ne pas en faire un plat

la glace des miroirs

la diabolique machine
sans manivelles
s'approche pour me broyer
le parfum du fer contre l'acier
m'épouvante
les fleurs de mes doigts
s'empourprent
se fane aussitôt
la glace des miroirs

la lave des volcans

les univers se superposent
la matière rejaillit
d'un nouvel éclat
les mondes choqués
s'entredévorent
car la matière
est illégitimement distribuée
y aurait-il un instant de repos
dans le limon de la terre
d'où la vie provient
l'âme a besoin d'air libre
pour s'envoler
et le corps d'un site inexpugnable
d'où renaître
poussé parfois
par la lave des volcans

la machine

la machine à scier le temps
vient de faire son apparition
c'est une immense scie
plus haute que les nuages
aussi puissante que la vie
qui coupe dans le bois
qui brise les troncs d'arbre
comme des fétus de paille
rien ne lui résiste
surtout pas les enfants
aux visages d'anges
qui s'émiettent
par petits flocons
forment une pâte blanche
qui se colle partout
les paysages
sans relief striés
de rides imperceptibles
forment l'amalgame
comateux de nos songes fous
qu'on ne peut s'arracher
de la tête
la machine à scier le temps
roule sa bosse
dans les fossés
les demeures les églises
prend rendez-vous
avec les clochers

et disparaît
au son des cloches
ou des enterrements

la machine à tirer le diable par la queue

la machine à tirer
le diable par la queue
toute fraîche sortie
des forges et du feu
débarque sur les continents
dans un périple périlleux
elle rase les murs
de peur d'être vue
par des millions de miséreux
qui l'auraient mise en pièces
détachées
elle bat les campagnes
les ravage
partout où elle pose ses roues
l'herbe jaunit
le blé ne pousse plus
les famines la suivent
à pas de loup
tout désenchante
sur son passage
il ne reste que la rocaille
confondue
à la grisaille du paysage
désolant
qui se développe
sans bruit
surtout à la tombée

de la nuit
la machine à tirer le diable
par la queue
se promène sur les océans
toutes ses voiles au vent
et laisse dans son sillage
une traînée de pétrole
pustulent
les poissons meurent
par milliards
et les oiseaux
battent de l'aile
le cycle de la vie
ne fonctionne plus comme avant
des nuages ne tombent
que des pluies acides
que la végétation
fuit
les lacs deviennent
des étangs stagnants sans importance
la pollution grimpe partout
s'attaque aux arbres
les détruit un à un
la machine à tirer le diable
par la queue
quitte les continents
à pas feutrés
et reprend son périple
en dents de scie
dans le coeur des hommes

glacés
les enfants hurlent
leur horreur
à des parents exaspérés
de vivre
dans cet enfer environnant
le président se dit
qu'une bombe atomique
nettoierait l'atmosphère
appuie sur le bouton
la porte s'ouvre
sur une trâlée d'enfants
accompagnés d'amis
et de parents
j'écarquille les yeux
de chaque coin tombe
le sable de mon rêve
cauchemar affreux
inventé par mon cerveau
en fusion sous le soleil
d'été qui brûlait indiscret
par la fenêtre de mes yeux
endormis sur le monde

la majorité silencieuse

je suis la majorité silencieuse
l'âme du peuple
c'est moi qui vole
au-dessus de vous
je suis le nuage gris
de vos pensées
je flotte comme un mirage
par dessus
vos têtes vos espoirs
et désespoirs réunis
je suis le fruit de vos peines
le fruit de votre douleur
le reflet de votre silence
entendu

l'âme de la terre

l'âme de la terre
c'est le vent
c'est lui qui erre
sur les continents
les mers les océans
il déplace l'air
en tournant
le vent est un vilain garnement
il joue des tours
en soufflant
ses compagnons de guerre
sont le tonnerre
l'éclair et l'ouragan
les quatre saisons
sont ses amants
le vent est un grand bohème
il mêle entre elles
les haleines des hommes
des femmes et des enfants
des animaux sauvages
ou savants
de tout ce qui respire
nécessairement
et les leur renvoie
en tourbillonnant
nous partageons tous
l'haleine du vent
nous respirons tous ensemble

à l'intérieur de lui
c'est lui qui nous unit
mais les fumées toxiques
crachées par les cheminées
les industries chimiques
et polluantes sont venues
elles jouent maintenant
dans la balance
et empoisonnent le vent
et les poisons dans l'air
se dispersent
sans égard aux frontières
les polluants se retrouvent
partout sur terre
et dans les océans
le cycle du temps
se poursuit
et bientôt repentants
nous pleurerons
à travers nos masques à gaz
en attendant
qu'on invente un grand
poumon d'acier
à travers duquel
filtrer le vent
l'âme de la terre
qui s'est intoxiquée
avec le temps

l'ampoule nue

l'ampoule nue
tire la langue
au plafond

la sueur

la sueur
est une larme déguisée
pleurée par le corps
dans son entier
suite à de grands efforts
de volonté
au battement du coeur
le sang propulsé
circule
et en bouche un coin
à tous les vaisseaux
amiraux

la trinité la vraie

la trinité
la vraie
c'est celle qui est
profondément enfouie
dans nous
qui partage notre pain
avec nous
c'est le triangle inexpliqué
des Bermudes
celui du passé du présent
et de l'avenir
mélangés
dans nous
c'est le mystère
qui nous habite
sur notre origine
et notre destinée
c'est l'incroyable monde
autour de nous
celui de l'infiniment grand
celui de l'infiniment petit
c'est la diversité
des visages de la vie
c'est cette incroyable vie
qui nous transperce
de toutes parts
qui bat dans nous
c'est la liberté

d'en faire
ce que nous voulons
et c'est ce que nous
en avons fait

la vérité que voilà

le jour défiguré
par le vitriol
de mes rêves
abracadabrants
n'existe plus
depuis que mes yeux
crevés
habitent la lumière
des catacombes
sinueusement
souillées salies
sanguinolentes
les chimères
cristallines
se sont limogées elles-mêmes
et derrière l'océan
minuscule
dans l'effervescence ténébreuse
la vérité que voilà

la vie

la vie
c'est la suprématie
de l'instant
dictature

la vie est un souffle de vent

la vie est un souffle de vent
un ouragan de printemps
qui s'abat sur la terre
et l'ensemence
nous poussons
comme des grains
de blé
et nous parcourons le monde
à la recherche du gîte
et du couvert
d'un coin où s'abriter
d'une épaule présente
où appuyer sa tête
pleine d'idées neuves
mûries avec les années
passées à vieillir doucement
au fil d'épée du temps
qui nous fait surgir
dans un siècle programmé
pour nous
un battement d'ailes
et nos ailes s'envolent
et nous restons nus
sur la terre entre deux cuisses
mère patrie de notre petite vie
qui grandira bien un jour
et nous emportera sur les berges
de l'univers balayé sans fin

par les grands vents
et par notre regard
faisceau lumineux
à la recherche d'autres yeux
bleus posés sur le monde
mystérieux qui nous entoure
et nous habite à la fois
l'interrogation de vivre
de donner la vie de la recevoir
de l'enlever
face cachée de la réponse
qui ne vient jamais
de la solution indissoluble
dans l'eau de nos larmes
que nous versons pour nous
ou pour les autres
pauvres choses à la fin
que ces corps éphémères
où n'entre plus le souffle
du vent

la vie roule

la vie roule
déboule
coule
me saoule
la vie va
s'en va
revient
repart
explose
reprend
et me perd
la vie
s'enchevêtre
se mélange
s'emmêle
me désespère

le béton désarmé

le béton désarmé
coule de mes yeux
de pierre
sur les marches détruites
d'un palais taudis

le bonheur

le bonheur est une vue
de l'esprit
l'intérêt de chacun
est de garder
sa tête au clair
afin d'éviter les embrouilles
et de voir
dans quel coin
ce fameux bonheur se cache
une fois découvert
ne pas le laisser filer
sans pour autant
l'enchaîner
parce que le bonheur
ne supporte pas les chaînes
la liberté est sa raison
d'être
il faut être tout miel
avec lui
s'adresser à lui
avec des gants blancs
mais sans obséquiosité
jouer la partie
du juste milieu
sans être plat pour autant
ni ennuyeux
le bonheur a besoin
de distractions

sans cela il ne reste pas
longtemps
le bonheur ne supporte pas
l'esclavage
de la monotonie
le tout craché
le déjà cuit
ne le font pas flipper
le bonheur a du respect
pour l'équilibre
sans adorer les funambules
ni les alpinistes
le bonheur aime
les hauteurs
mais il se sent tout aussi bien
dans le coeur d'un mineur
couvert de suie
mais il adore les fards
et les bouches roses aussi
pourvu qu'elles sourient
à la vie
le bonheur est optimiste
mais il n'a pas de préféré
il va il vient
il court il accourt
il vole il s'envole
il trotte il galope
il a l'allure du vent
mais quand on le tient
on est plus fort

que le ciment
plus armé que le béton
prêt à tout
fondu confondu
enchaîné mais à lui
le bonheur quand on l'a
dans le creux de sa main
on le porte
comme un talisman
on le colle à soi
on ne ferme jamais
les poings
le bonheur ne se gagne point
on l'obtient
comme on obtient
le beau temps le soleil
la pluie
gracieusement
le bonheur est une vue de l'esprit
et c'est très bien ainsi

le cerveau

le cerveau
est un petit estomac
dans lequel macèrent
toutes les impressions
de nos sens
tous les vécus quotidiens
de nos vies
tout y trempe
y compris l'ennui
les vapeurs du bon vin
les souvenirs érotiques
de femmes vaporeuses
les premiers bruissements
de nos robes de nuit
ouvertes sur le monde
les atrocités des guerres
y sont imprégnées
comme un instinct
tueur
ils dorment dans les marais
de nos forêts vierges intérieures
n'allez pas brasser
la soupe
les monstres se réveillent
à l'appel des repas
de gourmets
le cerveau
est multiforme

il suit les contours
de notre corps
il les contrôle
il est branché
sur des milliards de cellules
mais il n'a pas le temps
de compter jusque là
sa fonction
c'est de gérer
et l'administration
n'est pas toujours
son rayon
mais passons
le cerveau supporte
le front
supporte nos mains
nos plis nos rides
le poids de nos rêves
le cerveau
se prend entre les mains
se mouille à chaudes larmes
quand on sent trop les vides
le cerveau est une drôle
de bête
qu'il vaut mieux
ne pas trop laisser échapper
on pourrait crier
au génie
tout aussi bien qu'à la folie
c'est une affaire

de point de vue
mais en y mettant du coeur
le cerveau
parfois s'attendrit
ou se durcit
après tout
tout dépend de lui
de ce qu'on y a mis dedans
et le reste c'est
de la fantaisie
pour cerveaux ramollis

le fil d'épée du temps

le fil d'épée
du temps
vient de trancher
dans le vif
de la vie
tous les jours
des têtes tombent
et prennent
le chemin
de l'oubli
les ancêtres
sont par milliers
autour de nous
ils nous tendent
les bras
mais nous ne les voyons pas
de nos yeux
phosphorescents
nous balayons
le monde mais le monde
ne nous fait voir
que ce qu'il veut bien
et nos connaissances
s'accumulent
comme des grains de sable
dans l'océan
des pierres tombales

le fonctionnaire

le fonctionnaire était étendu
sur sa chaise
autant qu'il est possible d'y arriver
et piquait un somme
les lunettes lui descendaient sur le nez
et semblaient contempler
une espèce de vide
intérieur
peu apparent
pour le commun des mortels
et qui contrastait
avec le bureau
recouvert de paperasse
il y avait des piles et des piles
de documents
uniformément éparpillés
qui laissaient l'imagination voguer
puis l'ennui s'installer
un courant d'air
ou une tempête
venus de je ne sais où
passent
ils emportent le tout
y compris le fonctionnaire
qui disparaît
par la fenêtre de son rêve
seule sa paire de lunettes
qui ne sait plus où regarder

et qui vient de perdre
sa raison d'exister
reste suspendue

le glas des portes fermées

le glas des portes fermées
la bouche béante des cloches
l'irresponsable cri rauque
de la tristesse
l'épouvantable moment
de la séparation des choses
absurdités écrasantes
dans les couloirs désertiques
adieux parallèles aux rails du destin
entrebâillements ferrugineux
crissements secs des gonds
l'aigle vorace bat des ailes
jaillissements insolites
couleurs de charbon à rougir
paupières indéfiniment suspendues

l'enfance reconquise

mes cellules refleurissent
l'écaille monstrueuse du temps révolu
et de la seconde ultime se brise
se désamorce
et tombe dans le lac
aux cents profondeurs entremêlées
une nouvelle pigmentation me reverdit
tous les printemps se précipitent
en moi
la sève de l'immortalité coule
dans mes veines assoiffées
mon coeur vieilli chancelle
sous le choc impossible
une onde sonore se répercute
en mes tympans
mes paupières descellées retentissent
la vingt-cinquième heure
du jour
sonne aux cadrans des petits matins
les habitacles de mes bras tendus
se referment sur les étoiles de pourpre
je jette autour de moi
les évanescents regards
de l'enfance reconquise

l'épave d'un goéland troué

l'épave d'un goéland troué
dans l'eau froide et sans ailes
à la recherche d'une exagération
momentanée de vivre
dans la platitude des mers étales
silencieusement dérive
vers des rives obscures
coïncidences des îles repêchées
comme les poissons
pris à l'appât

les brindilles de jeunesse

les brindilles
de jeunesse
qu'il nous reste
entre les dents
nous les mâchouillons
jusqu'à l'extrême
et puis elles s'envolent
emportées par le vent
c'est le grand départ
mais nous nous restons

les chiffres comme Dieu

les chiffres
comme Dieu
sont infinis
d'infiniment grands
à infiniment petits
ils tournent pivotent gravitent
autour de l'axe zéro
auquel l'univers est annexé
c'est celui qu'il a fallu inventer
pour tout expliquer
c'est le néant encerclé
et l'infini
est un double zéro couché
sur le côté
l'un réuni à l'autre
inséparablement liés
les chiffres
comme Dieu
sont infinis
partis de rien
ils se gonflent
jusqu'à plus un
ou diminuent
jusqu'à moins un
et ainsi de suite
un représentant l'unité
que nous sommes
et moins un celle que nous serons

quand nous serons portés disparus
destination zéro
que nous serons devenus
des moins que rien
rien ne nous perd
rien ne nous crée
notre corps désagrégé
retourne à ses éléments premiers
mais notre âme libérée
une fois que notre corps
glisse à ses pieds
où va-t-elle aller
dans quel coin de l'immensité
va-t-elle se diriger
l'âme est-elle une entité
ou une globalité
le silence est froid
comme la neige
qui vient de tomber
sur notre tête mouillée
le silence cache un piège
pour les malentendants
que nous sommes
qui avons perdu la foi
en Dieu comme en l'homme
et dont le seul espoir atomique
est une bombe à retardement
mise en marche
au coeur du temps

les deux pieds dans la même bottine

les deux pieds
dans la même bottine
la bottine sur la chaise
la chaise près du feu
le feu qui brûle
je regarde les flammes monter
nulle part
parce que j'ai les yeux vides
et qu'il n'y a rien
dans ma tête
sauf le remords
de t'avoir perdue
involontairement
le jour de mon départ
précipité
je me berce sur ma chaise
gentille
qui se laisse faire
se laisse aller
alors la musique malveillante
et mélancolique
remplit mes oreilles
et ma tête
de sons abracadabrants
les murs flous
à trois ombres des mes yeux bleus
se mettent à danser
à faire des faux pas

inconcevables
avec mes mains mes doigts
mes ongles
je voudrais les écorcher
les murs flous qui dansent
et l'odeur du feu qui crépite
et de la fumée qui se répand
remplit mon nez m'obnubile
parce que mon cerveau lui-même
est à six pas de la faillite
incontestable
et ma bouche et ma langue
qui à leur tour sombrent
j'ai goût de cendres
ma cigarette s'est éteinte
dans le cendrier rempli
jusqu'aux bords de mes espoirs

les douze coups de minuit

le cycle du temps
sonne les douze coups de minuit
première seconde
qui s'abat sur le monde
le compteur est à zéro
et marque dans l'espace blanc
sur l'ardoise du firmament
les traces de nos vies
à l'encre rouge de notre sang

le soleil de l'adieu dans la main

le soleil de l'adieu dans la main
clouée du délire
le visage dans la nuit de l'absence
mes membres glacés malhabiles
aux confins des espaces intérieurs
mon corps univers ou néant
expression de l'inexprimable
monde et vaisseau fantôme
ou encore manoir
des songes indéfinis

les mots

les mots
habillage de la matière
présentation verbale
sonore du monde
description gutturale
de la vie qui nous habite
expressions domptées
des premiers cris de l'homme
placé par le destin
dans un univers
qu'il n'a pas choisi
mais qu'il est obligé
d'exister jusqu'au bout
jusqu'à la limite
intérieure
des mots
ces petits mécanismes signifiants
parlés par un même groupe
d'indigents partageant
la même parcelle de continent
et attablés à la table de la faim

l'espace-temps ment

l'espace-temps ment
aujourd'hui
c'est le présent
et le présent
c'est la vie
qui sous-tend
chacun des instants
en fuite constamment
vers l'éternité
de l'espace-temps
concept surprenant
pour les étroits d'esprit
que nous sommes

les souvenirs

les souvenirs
sont un état de passion
une transe soudaine
qui recrée le passé
ils montent en nous
comme un courant nerveux
qui nous parcourt
et nous assure
de revivre
les mille et un frissons
de notre vie
que nous avons enfouie
profondément à l'intérieur
de nous
comme un autrefois
parsemé de vifs éclats

les structures d'acier

les structures d'acier
rigides désormais
lancées comme des cris
contre la voûte
majestueuse d'azur
se rappellent
les arbres verts
des forêts luminescentes
les flancs des montagnes
les seins doux de la terre
les hommes rapaces
sont venus
les villes maintenant
s'agrippent
comme autant de plaies vives
la douleur gîte
au milieu du béton
les sarcophages des hommes
polluent l'ambiance fraternelle
le pays ploie
sous la froideur
de la rocaille
organisatrice
tu te caches dans le méandre
des labyrinthes insolubles

les visages de l'oeil

les visages de l'oeil
multiples facettes
multiples replis
profondeur précipice
où la lumière
entre à foison
dans le petit trou
noir de la pupille
qui se dilate
ou rapetisse
qui s'agrandit
ou s'amenuise
sous la paupière qui bat
aux quatre vents
promène
ses cils de bas en haut
de haut en bas pour
marquer la seconde qui fuit
entre deux clignements
et s'échappe par
l'interstice de nos yeux
rideaux et fenêtres sur le monde

l'éternelle jeunesse

l'éternelle jeunesse
l'éternelle beauté
ce sont là les promesses
de la publicité
nous les vieux
les laids les racornis
les malades
les chauves
les dégarnis les bedonnants
les fiévreux
les pauvres les amaigris
nous faisons bande à part
nous sommes
le contraire de nos idéaux
inassouvis
mais c'est à nous les plus nombreux
que la publicité s'adresse
nous rappelle sans cesse
que nous sommes à l'écart
veut nous ramener
dans le troupeau de l'élite
de ceux et celles
que la nature a bien servis
voyez comme elles sont belles
voyez comme ils sont beaux
achetez nos produits
et la beauté la jeunesse
seront vos nouveaux amis

vos serviteurs vos esclaves soumis
chaque jour davantage
la publicité en rage
nous submerge
nous envahit de son tapage
s'incruste dans nos pensées
nous met en nage
nous empêche même de penser
nous sommes des robots
devenus des êtres déshumanisés
tiraillés de plus en plus
entre de multiples choix
mitraillés par des images
et par des mots
des messages subliminaux
qui font entendre leurs voix
dans notre tête
qui en veulent
à notre tranquillité d'esprit
qui veulent nous faire la peau
la publicité la diablesse
n'arrête pas de nous tenter
nous offre mers et mondes
monts et merveilles
elle ne tarit jamais
la faconde
et elle a ses entrées
sur toutes les ondes
dans chaque petit média
c'est la façon organisée

de nous manipuler
le dedans du subconscient
de nous rejoindre où que nous soyons
dans nos orientations
de nous faire choisir
le produit qui sera le bon
c'est à qui fera le plus
preuve d'imagination
du sens de la création
qui réussira davantage
à provoquer notre adhésion
et puis saucissonnés
bien emballés
nous passons à la phase finale
nous achetons
nous dépensons nous nous endettons
bouffés tout crû
par sa pollution
nous risquons de finir
dans la rue
comme des cons
avec nos petits bidules
de la consommation
suspendus à la pendule
des points d'interrogation

le tueur d'ouragans

voici venir
pépère
tueur de grands ouragans
il a navigué
sur toutes les mers
et par tous les temps
il a vu le premier
les gros ours blancs
la calotte polaire
il se l'est posée
sur le nez
pour lui c'était
un jeu d'enfant
sa spécialité cependant
c'est d'arrêter les ouragans
il le fait sans sourciller
avec les dents
sans prendre de gants
blancs
il travaille propre
et bien
ne verse pas de sang
avec une paille il aspire
les ouragans
les respire à fond
et les rejette dans l'air en faisant
des ronds
qui montent

dans le ciel
comme des ballons
et s'effilochent
dans un grand
branle-bas de cloches
voici venir pépère
tueur de grands ouragans
il n'a jamais un rond
en poche
mais il est fort
comme cent éléphants
musclé comme
le printemps
gentil comme
une fleur
doué pour
le beau temps
vous le verrez peut-être
un jour à bord
de son grand bateau
blanc
la tête pleine
de cheveux blancs
il vous enverra la main
saluez-le
c'est votre ami
pépère le tueur
de grands ouragans

l'instant aux pieds d'argile

l'instant aux pieds d'argile
court dans les champs
presque sans toucher terre
il fonce droit devant
t'effleure la peau
s'accroche à toi
jamais plus d'un instant
plus léger que le vent
dit bonjour en passant
baisse la tête
et te surprend
à tout moment
il travaille en courant
compte les secondes
s'abreuve à ton sang
s'éloigne en chantant
te lance une rose
à tous les ans
n'en jetez plus
le pot aux roses
vieillissant
se fracasse en tombant
emporté par la brise
qui pour lui s'est éprise
le temps d'un instant

l'oeil concentrique

l'oeil concentrique
bouche affamée
tendue
vers la lumière
toute de noir vêtue
extension du cerveau
prolongement
de la cellule
vers l'horizon
et l'infini

l'ordinateur géant

je suis un être de chair et de sang
j'ai été construit
par un ordinateur géant
dans mon cerveau
aux circuits minuscules
l'illogisme expulsé bascule
je me souviens de tout
et je connais chacun d'entre vous
à l'intérieur de mon coeur de pierre
dans ma mémoire binaire
le monde entier passe et repasse
et le flux électronique
qui s'agite entre mes parois
métalliques
me parle de vous de votre passé
sans cesse remis à jour
et de ce présent
dont je garde les restes
bien enfouis dans l'avenir incertain
je suis l'ombre
qui recouvre les matins
je suis le soleil éclaté
je suis le crépuscule des dieux
le véritable ordinateur humain
et dans le creux de ma main
l'échappatoire n'existe plus

l'univers porte un masque de silence

l'univers porte un masque de silence
nul ne sait qui l'arrachera
comment faire parler les pierres
leur faire dire la vérité
sur l'existence
ces pierres qui ne savent pas gémir

machine humaine

être avoir exister
machine humaine habitant des univers
superposés
rodée
pour accomplir
ces actions fondamentales
de la vie
se remplir se vider
cellules
squelette
muscles nerfs
tendons coeur
esprit tendu vers
l'au-delà
nier affirmer
boire manger dormir rêver se procréer
être en puissance être de néant néant
d'être
être de raison raison d'être dans
L'UNIVERS
être
exister
subsister
avoir accumuler des avoirs apprendre
connaître
bouger grandir s'épanouir aimer
orgasme de vivre
agir s'étioler

s'amoindrir
vieillir
s'appesantir vers la terre
se pencher vers la terre
s'étendre pour mourir
s'enfouir dans la terre
n'être plus
que cendres
fleur un matin éclose
si belle au midi avec tant d'éclats pleine
de soleil
gorgée de rosée le soir descendu
un jour une nuit
fanée pour la vie
dispersée par le vent
oubliée par le vent
poussière dans l'univers
goutte dans l'océan
grain de sable parmi les autres
devenus éternels comme le temps
flic plein de tics
tic tac fait le cadran

macrocosme

la pieuvre immaculée
aux cent huit tentacules
aspire le monde
à peine ému
il y aura bientôt
disparition
de l'univers
même
la terre et les étoiles
en débris errent
absolument
sans ordre formel
les monticules
s'agglomèrent
le cosmos pleure
l'océan la mer
ont disparu
dans quelque temps
les galaxies
rencontreront
le silence qui se cherche
une oreille
attentive
la distance n'existe pas
autant
pourvu qu'elle dépérisse
la chair désagencée
se polarise

autour d'un seul homme
sans condition sociale
aucune
la solitude enfouie
dans la fourmilière vide
attend
une présence amie

médiocrité

c'est en entretenant
des idées médiocres
qu'on le reste

Montréal berceau de l'Amérique

Montréal la belle
berceau de l'Amérique
quand l'Amérique
était enfant
toute blottie
contre le Saint-Laurent
immense fleuve
qui l'abreuve
de ses bienfaits
en passant
Montréal la belle
le joyau de l'île
se berce les pieds
dans l'eau du Saint-Laurent
brillante de mille feux
elle repousse la nuit
autour d'elle
Montréal la belle
courtisée par ses amants
qui lui ont dressé
des tours de diamants
de ses gratte-ciel
pleins de brillants
jaillissent des milliers d'étoiles
qui ornent sa robe de nuit
provocante
Montréal la belle
laisse voir ses formes

tous les chemins
mènent à son coeur
le Mont-Royal
qui l'observe
et l'habite
la ville à ses pieds
s'étend
par tous les temps
par tous les vents
dans toutes les directions
là-bas c'est le Stade olympique
monument d'acier
et de béton
qui se détache de l'horizon
et fait le beau
sur l'Amérique
là-bas c'est la Voie maritime
qui guide
les bateaux
et les amène plus avant
à l'intérieur des terres
et du continent
là-bas encore
le pont Jacques-Cartier
qui surplombe
Terre des Hommes
et la Ronde
énorme jeu de mécano
où l'on s'amuse
quand il fait beau

et qu'on a le temps
de passer le temps
plus près
le pont Victoria
que les trains traversent
le pont Champlain
mastodonte
sur le fleuve
qu'il ceinture
tous les ponts
que l'on aperçoit
au bout de ses yeux
réunissent
Montréal à la Rive-Sud
et ses banlieues
là-bas c'est l'autre rive
mais ici tout près
c'est ta main que je tiens
et qui nous lie
l'un à l'autre
Montréal la belle
c'est un spectacle
pour les yeux
une symphonie
pour les amoureux
et pendant que la ville
s'étire dans le matin
et voit naître le soleil
se réveillent avec elle
son île et ses habitants

en même temps
que les rêves de géants
des premiers pionniers
du continent
qui se poursuivent
à travers nous
et qui réunis
bout à bout
ont fait de Montréal
la belle des belles
la fierté
de l'Amérique
et de notre sang

Montréal la belle

Montréal la belle
tu te mires dans nos yeux
tu scintilles de mille feux
tu es notre orgueil
notre fierté
tes rues sont propres
tes édifices resplendissent
ils reflètent
les hommes et les femmes
qui les ont habités
le temps de vivre leur vie
en même temps que toi
aux tout débuts de la colonie
et par la suite
tu as grandi
près du fleuve
le Saint-Laurent te baigne
les pieds
tu es la plus belle ville
du monde
la mieux tenue
la plus agréable à regarder
la plus agréable à habiter
tu es un oasis
sur l'Amérique
le froid de l'hiver
te traverse de part en part
mais ne nous atteint pas

puisque tu nous protèges
dans tes couloirs souterrains
qui fourmillent de vie
le métro est ton artère
principale
c'est là que des millions
de gens voyagent
changent de lieu
Montréal la belle
c'est chez toi
que le Québec est heureux
tu as tout pour plaire
la beauté la jeunesse la candeur
ta superbe montagne
ton Oratoire Saint-Joseph
ton Vieux-Montréal
ta rue Saint-Jacques
tes dizaines d'hôtels
tes milliers de restaurants
et tous ces gens
qui font partie de toi
ton passé ton avenir
nous tiennent à coeur
c'est ici
chez toi qu'on travaille
qu'on gagne sa vie
à la sueur de son front
Montréal la belle
tu nous accueilles toujours
avec chaleur

il y a de la place
pour tous
dans ton coeur
ceux qui t'ont connue
et délaissée
ne peuvent faire
autrement que de te regretter
tu es entrée dans leur peau
et depuis même loin
même aux confins
du monde
tu ne les quittes plus
Montréal la belle
tout le monde t'aime
tu es notre coup de foudre
notre premier
notre grand amour
Montréal la belle
tu es l'Amérique
tu es le dépaysement la variété
la diversité
tu es les quatre saisons
de la vie
les cinq continents réunis
puisque dans ton coeur
vibrent l'Europe et l'Amérique

monuments de l'obscur

monuments de l'obscur
soyez mélancoliques
le corps aux métamorphoses
se désagrège
à vos pieds tentacules
tant d'absences inexprimables
dans les manoirs les méandres
de vos yeux
ces requiems

nous vivons tous

nous vivons tous
entourés de cadavres
le poignet bien attaché
à notre montre-bracelet
nous mesurons l'heure
nous mesurons l'instant
mais le soleil sait-il l'heure
la nuit sait-elle quand
elle tombe sur nous
s'abat comme un voile
immense paupière
sur notre globe terrestre
où nous nous accrochons tous
avec l'énergie du désespoir

on nous a distribué les cartes

on nous a distribué
les cartes
au hasard
chacun cinq cartes selon les cas
la vue
l'ouïe
l'odorat
le toucher
le goûter
et puis on les
a emprisonnées
dans chacun de nous
on nous a mis ensuite
les instincts
la conservation
la reproduction et j'en passe
on a mélangé le tout
et puis on a dit
allez-y jouez
nous on s'en fout
les créateurs
de ce charivari
ont ri à gorge déployée
se sont versé
une pinte de bon sang
de leurs nuages dorés
ils nous regardent aller
allez allez donc

laissez-vous aller
vous ne nous ferez
jamais assez rire
et puis tout s'est mis
à mal tourner
à commencer par la terre
qui en a vu passer
des guerres et des guerriers
qui en a bu du sang
d'ailleurs elle est toujours
assoiffée
elle a soif
et quand elle ne boit pas assez
elle fabrique de beaux
déserts
pour remplacer
ses espaces verts
quand le soleil de plomb
plombe
sur le sable
ne vous aventurez pas
pieds et têtes nus
vous vous fondriez
au paysage
et disparaîtriez
à notre insu
le sable est présent
partout sur la terre
même au fond des mers
le long des plages

et aussi
dans les sabliers
pour sabler le temps
au champagne
ou tout simplement
pour le compter
voir s'il en manque
au fond de notre vie

pas touche

pas touche
sainte Nitouche
désespérée de vivre
à l'aube
de ses premiers amants
espère
la fin de son iceberg
feux follets
bien se tenir
chocs du matin
à traverser
la tête haute

passez-moi un bel été

passez-moi un bel été
servez-le-moi tout chaud tout beau
sur un plateau
pour une fois
ne le ratez pas
et jetez-moi les restes
de cet hiver-là
par la fenêtre
fini le blanc
la terre de neige vêtue
apportez-moi le printemps
et nettoyez-moi
cet environnement
un peu trop salement têtu
passez-moi un bel été
fouillez vos tiroirs
dans le fond quelque part
il doit y en avoir un
cherchez bien
l'été est-ce si difficile à trouver
passez-moi un bel été
mais où l'avez-vous donc placé
ne me dites pas
qu'il est déjà passé
qu'il est fini un point c'est tout
je n'ai même pas eu le temps
c'est fou
d'en profiter avec vous

l'été
quand on est en amour
est si court chez nous

petit chauve

petit chauve
aimant le
sport
désirerait planer
au-dessus
d'une de vos régions
sauvages
préfèrerait terrain
montagneux sur
Vénus
ou encore un coin
perdu mais pas
pour lui
grandes timides
ne vous gênez pas
apportez votre matelas

pianiste

pianiste recherche
estomac de plomb
non criblé de balles
pour digérer dernières
épreuves trop
difficiles à avaler

planète terre

la planète terre
la merveilleuse
petite planète bleue
tourne en solitaire
autour de son soleil mère
immensément radieux
la planète terre
oubliée dans le silence sidéral
a appris à se taire
perdue dans la nuit glaciale
où elle se terre
parmi les astres et les galaxies
la planète terre
veut se rapprocher
d'autres vies interplanétaires
et partager avec d'autres êtres
et d'autres mondes sa fièvre
et les mystères de l'existence
qui la confondent
la planète terre
la merveilleuse
petite planète bleue
a besoin d'une épaule amie
où reposer sa tête altière
qui fait la ronde
au milieu des galaxies
la planète terre est prête
à tendre les bras

au-delà de la nuit
et à partager
son émerveillement
devant l'infini
la planète terre
la merveilleuse
petite planète bleue
c'est l'enfant aux yeux bleus
inventé par l'univers
quand l'univers naissant
sortait du trou noir de la nuit

présence omniprésente du temps

présence
omniprésente
du temps
présence
omniprésente
de la seconde
qui nous harcèle
nous tombe dessus
à bras raccourcis
fait tic tac
pour mieux
se faire entendre
bat à notre pouls
et ne compte pas les tours
aux horloges du temps
l'éternelle petite seconde
qui nous survivra
quand nous serons délivrés
d'elle
pour le meilleur
ou pour le pire
ou peut-être sans
raison
meurtre gratuit
chacun de ses petits
poinçons
nous déchiquette
au fil du temps

d'abord
il n'y paraît pas
trop occupés
que nous sommes
à grandir
à affirmer notre moi
sans constater
les dégâts
déjà les heures
nous creusent
des rigoles
en dessous des paupières
le temps aride
nous dessèche
mais il n'y paraît pas
nous sommes
toujours les mêmes
enfermés dans notre carapace
crânienne
nous cohabitons
avec nous-mêmes
en exclusivité
en solitaire en solo
quand nous y faisons entrer
quelqu'un
trop souvent
il s'impose
et veut prendre toute
la place
et puis nous

ne pensons plus qu'à elle
à cette personne
si chère qui nous
occupe tant
l'esprit
qui nous gobe
tout notre intérieur
toutes nos pensées
l'amour gobe-sous
entre un jour
ou l'autre
en chacun de nous
nous n'y faisons
point attention
mais il nous tient
nous arrache
nos raisons de vivre
pour les remplacer
sans raison
apparente
d'ailleurs c'est une
question de coeur
que nous avons laissée
nous envahir
il prend toute la place
quand il veut
s'infiltre jusqu'à notre
moi
nous couvre d'émois
que pouvons-nous

y faire
nous sommes toujours
à sa merci
puisqu'il ne bat
que pour nous
parfois quand il le fait pour deux
la côte est plus dure
à remonter
le temps passe
plus lentement
cette chère petite
seconde fait deux tours
et puis s'en va
conter fleurette
à d'autres amoureux
qui n'y prennent
pas garde
et pourquoi
le feraient-ils
qu'y a-t-il de méchant
à regarder passer
le temps à deux
peut-être serons-nous
trois
tout à l'heure
trop étroits
que nous sommes
dans notre peau
nous voulons créer
d'autres semblables

pour peupler
notre univers
la planète terre
s'alourdit
les 24 heures
ont de la peine
à tourner les années
ne se font plus
si facilement
quand il y a
trop de monde
pour les porter
les transporter
les exposer au soleil
qui ne sait plus
où donner
de la tête
sans brûler quelqu'un
d'ailleurs il est là
pour ça
nous réchauffer
chaque jour il pense
à nous
se met à nos genoux
nous remplit les
yeux
sans lui nous serions
à l'âge des ténèbres
et c'est la nuit qui
se referme sur nous

quand il s'en va
nous partons
tous un peu avec
lui
ce cher ami
qui nous éclaire
de sa trop souvent
obscure amitié
jours de pluie
jours d'orage
jours de neige
jours d'ennui
à deux l'ennui
se coupe au couteau
encore faut-il savoir
où trancher
où appuyer la lame
dans quel puits
faire glisser ses larmes
qui nous brouillent
avec nous-même
avec notre folle
du logis
qui s'est mise
à faire les cent pas
pas à pas
qui nous martèle
martel en tête
nos paupières sont
lourdes à porter

c'est pourquoi
nous les refermons
quand plus rien
ne va et nous partons
pour nos rêves
qui nous aident à
passer le temps
à passer la vie
sciemment
ou non
il passe le temps
également pour
tous
c'est la seule justice
on nous a donné
notre chance à tous
à nous de savoir
gagner à la loterie
de la naissance
déjà c'est inégal
les embryons
vous le diront
quand ils
sont là ils se dépêchent
de grandir et de naître
connaître est leur motto
mais ils ne gardent
pas bouche cousue
les parents vous le
diront

ils ne savent pas
exactement pourquoi
mais ils crient
pour n'importe quoi
la vie leur apprend
les premiers cris
rire est bien trop
complexe
quand on a pas
de raison d'exister
on manifeste
sa satisfaction
d'avoir déjoué les
autres
d'être tombé
sur le gros lot
mais ce n'est pas dit
que nous serons
chanceux
parce que la loterie
se poursuit
au fur et à mesure
que passe sur nous
le temps
il a mis son manteau
omniprésent
et nous suit
à la trace
il nous flaire
il nous sent

notre chien de garde
nous mord de temps
en temps
c'est un vampire
il s'abreuve de notre
sang
mais ce n'est que
pour passer le temps
de fil en aiguille
il tresse sa toile
cousue de fils blancs
quand il n'y a plus
moyen d'y échapper
nous sommes dans
notre chaise
dans notre lit
notre dernier abri
contre les intempéries
de la vie
l'araignée tisse sa
toile
l'univers fait des
étoiles et les remplace
il en va de même
pour nous
quand nous nous
échappons
il n'y a plus d'échappatoire
mais nous parvenons
quand même

à nous en aller
le voyageur
est entré dans
la voie lactée

quai des brumes

du boulevard de la poésie
au quai des brumes
il n'y a qu'un pas
que je franchis
où se trouve
le coeur de la vie
dans les vapeurs
qui montent du soir
ou dans ma poitrine
où habite ma vie
des lumières blafardes
à l'horizon
font entendre leurs halos
nous sommes entourés
de navires
aux multiples destinations
qui emportent leurs passagers
vers des mers inconnues
aux gouffres abyssaux
sur le quai des brumes
on ne voit rien d'autre
se dessiner
que l'amertume
qui franchit les murs des mots

quand on n'a pas le pied marin

je suis dans une période
de vague
je suis dans une période
d'ennui
je passe mon temps
à affronter les vagues
à craindre pour ma vie
je suis en haut
je suis en bas
j'ai des hauts
j'ai des bas
ma tête chavirera
si je ne garde pas
mes deux pieds sur le pont
du navire
qui s'en va
voiles au vent
presque sans
agréments
la mer se gagne
de haute lutte
quand on n'a pas le pied marin

quand on n'a plus de rêves

quand on n'a plus de rêves
on n'a plus de frissons

remonter le temps

la machine à remonter
le temps
vient d'être inventée
prenez place
gare à la glace
le train arrive en gare
la queue est longue
à souhait
les gens inquiets font la file
ils veulent revenir en arrière
la machine à remonter
le temps est faite de nos rêves
et permettra de les revivre
si un jour nous le voulons
attention les places sont prises
la course contre la montre
commence
et les minutes à l'horloge des heures
se disloquent
puisqu'elles n'ont plus
de raison d'être
les cadrans tournent à l'envers
et les jours commencent par la nuit
d'abord les crépuscules
et puis l'aube
et nous voici à l'aube du temps
ère quaternaire
sur un banc de glace

sans chaleur humaine
notre vie vient de la glace
fondue avec nos larmes nos cris
ceux qui débarquent
du train
se transforment
en premiers hommes
l'ère de la massue
reprend forme
sous nos yeux
d'abord la lutte pour la vie
la lutte pour un morceau
de viande
ensuite la lutte pour la lumière
la lutte pour le feu
la lutte pour la chaleur
la lutte pour l'amour
le match est commencé
ouvrez grand vos yeux
la partie se joue
deux à zéro
pour les dinosaures
vite dans le train
protégez-vous des glaces
et des grands félins
imaginés par erreur
pour nous tracer le chemin
le train roule et revient
habiter aujourd'hui
le voyageur descend

sidéré il ne se souvient plus de rien
l'habitude de l'oubli
c'est l'histoire de toutes nos vies

requiem

ignominie de porcelaine
cristal brisé
morceaux de verre
immondices tranchantes
éclats du silex
miroir glacé
images convulsives
aspérités lames d'argent
mains cris chairs transpercées
voltiges du sang
râles
porte claquée fuite
barreaux du silence
haussements de coeur
vomissures du dernier soir
chambre chaise l'instant guillotiné
échafaudage des débâcles

rivages

rivages
escarpés portant
moustaches
demandés
pour servir de
marchepied
à une marquise

sens cachés

chaque mot est un rempart
qui cache sa signification
derrière quelques sages
définitions
retrouvées dans des dictionnaires
pas toujours à la page
les plus dangereux
ont des sens cachés
chargés d'émotion
et se disent en criant
sa haine ou sa passion
qu'on mette les dictionnaires
à la porte
vive le retour
de la tour de babel
mais est-elle déjà partie
entre chaque homme
et chaque femme
il y a des remparts de mots
jamais franchis
des murs étonnamment construits
jamais compris

soliloque

l'avantage d'être seul
au restaurant
c'est que personne
n'entend votre conversation

son corps sueurs

son corps sueurs
éclaboussures de graisse
dans la machine
à patates frites
de ses rêves
fantasmes
inextinguibles
poitrines opulentes
avant-dernier
modus vivendi
du mâle
ancien suceur
de biberons

sonde

la sonde
envoyée dans le trou noir
de la nuit
sonde les mondes
au-delà de la vie
et nous renvoie
des images de notre solitude
la terre est une fleur bleue
oubliée dans le jardin déserté
des autres planètes
qui nous entourent
et qui partagent avec nous
notre seul soleil

tous les jours de ma vie

j'ai perdu ma vie
à la gagner
tous les jours de ma vie
je me lève je me couche
j'embrasse les jolis coins
de ta bouche
et je me pousse
à l'usine au bureau
dans la foule anonyme
métro boulot dodo
je n'ai pas de numéro
sauf ceux que j'ai inscrits
sur ma peau
qui collent à mon visage
et me donnent l'aspect
que j'ai quand on me voit
à froid le matin
tout chaud sorti de tes bras
où je retournerai ce soir
y passer la nuit prochaine
voici l'oasis de la fin de semaine
encore quelques méchants tics tacs
le bruit de bric-à-brac
de l'autobus
les clameurs de la ville
et les sirènes
qui montent du soir venu
le tohu-bohu

de la circulation
quelques pas encore
la mallette à la main
me voici à la porte
de la maison
je sonne personne ne répond
ma clef ne fait plus
dans la serrure
je comprends je ne pensais à rien
je suis chez le voisin
et lui il est entré chez moi
a enlevé son pardessus
son veston
ma femme lui a dit bonjour
sans rien remarquer
enfin la voisine m'ouvre à son tour
elle m'ouvre les bras
et j'y entre m'y réchauffer
elle me prend pour son mari
je la prends pour ma femme
une deux trois c'est encore reparti
pour la monotonie
j'ai dit à ma femme
prends-moi pour moi
elle m'a prise pour son mari
j'ai dit à la voisine
prends-moi pour moi
elle m'a prise pour son mari
je me suis regardé bien en face
et je me suis dit

qui es-tu toi
que personne ne prend pour toi
tu ne dois pas être toi
tu es l'autre
et depuis cette diversion
je ne rentre plus à la maison
je m'emploie à percer
mon anonymat
et je me promène
sur Sainte-Catherine
rue Saint-Laurent
j'arpente le quartier chinois
et ses fausses murailles de Chine
j'attends que quelqu'un
me prenne pour moi
ce que je suis d'ailleurs
à n'en pas douter
c'est là la rumeur qui monte
goutte à goutte de mon verre
aux parois avinées
je bois à votre santé
sentez-vous bien
sentez-vous mieux
que je leur ai dit
à tous ces faux-frères
et puis j'ai ri
pendant sept ans
sans arrêter
me voici sorti
de ce rire de ferraille

je m'en vais sonner
à la porte de ma maison
que je pense avoir retrouvée
un enfant me répond
bonjour papa
comme tu as tardé à entrer
il saute dans mes bras
c'est mon fils c'est le mien
je le reconnais il me ressemble
comme deux gouttes d'eau
ou est-ce celui du voisin
ça n'a pas d'importance
puisqu'il m'aime déjà
je le sens à ses petits bras
qui m'agrippent
et ne veulent plus me lâcher
non ne t'inquiète pas
je ne partirai plus
puisque je me suis trouvé
où est maman
où est-elle en ce moment
elle est au bureau
à gagner des sous
je te présente ma gardienne
qui me garde
mais c'est la voisine
qui me saute au cou
où est passé ton mari
qui était chez nous
il ne revient plus

depuis que tu es parti
il est parti lui aussi
ah ça ça brise la monotonie
moi je vous le dis
je vais me laver
j'ai une barbe de cent ans
et les cheveux gommés de blanc
je me rase je me douche
et dans le miroir
je le reconnais c'est le voisin
qui est devenu moi
je comprends je menais
une double vie
j'étais un agent double
qui travaillait
à la reconstruction du pays
je faisais des enfants
à gauche et à droite
je sors prendre une marche
tout le monde me salue
les voisines m'attendent
depuis longtemps
j'étais leur amant
et elles m'ont manqué
toutes en même temps
bonjour bonjour bonjour
je les reconnais toutes
elles m'aiment à en perdre la tête
mon dieu que vais-je devenir
moi qui n'ai que deux bras

mais voilà que leurs maris reviennent
les choses rentrent dans l'ordre
ma femme apparaît elle aussi
la mallette à la main
elle m'aperçoit au loin
je cours vers elle
elle est fatiguée vannée
elle ne saute pas de joie
à me voir ainsi
avec mon air narquois
tu as tardé à rentrer
qu'elle me lance dans un reproche
as-tu au moins préparé le souper
fais-moi couler un bon bain
d'eau glacée
que je reprenne mes esprits
là où tu les avais laissés
tiens ta mallette
je n'en veux plus
je l'ouvre il y a un
micro-ordinateur dedans
qui me dit hello
tout le monde est content
que je rentre à ce que je vois
alors je passe la nuit chez moi
et le lendemain
anonyme je me perds
dans la foule
métro boulot dodo
toujours jamais

la devise de l'enfer
où je brûle à petit feu
en attendant le soir venu
où je pourrai te prendre
dans mes bras
et partir à l'aventure
avec toi

tout roule sur du papier sablé

tout roule
sur du papier sablé
je ne me plains pas
ce sera plus doux
par la suite

trente-six ans

36 ans ça n'arrive pas
36 fois par année
quand la 36e
s'en vient il n'y a pas
36 façons de souligner
l'événement
on s'arrête un moment
on marque la pause
au volant
on descend de voiture
on pointe son nez
à l'extérieur de soi
pour voir si les vents
nous sont favorables
on dresse son bilan
le passif d'un côté
l'actif de l'autre
on voit passer sa vie
sur la planche à repasser
les faux plis
on compte les rides
à la calculatrice
on se sent un peu triste
cela va de soi
36 ans cependant
la nature est toujours plus belle
les fleurs ont un parfum
plus subtil

on s'arrête davantage aux détails
de la vie
cette vie
plus lourde à porter
à cause du poids des ans
qui nous fait un petit motton
en dedans
36 ans au coin
de la 37e
on reprend le volant
on saute dans le temps
dans la grande fuite en avant

trop tard impasse

le paradis des pas perdus
c'est notre terre bienfaisante
bien à nous
où nous passons
à faire les cents pas
un pas à la fois
un pas derrière l'autre
un pas à la suite de l'autre
dans des sentiers tracés
pour nous hélas
qui s'entrelacent
chassé-croisé des pas perdus
le sol ne porte pas
la trace de nos pas
l'empreinte de nos pas
nous suit pas à pas
parfois nous précède
voici le destin tout tracé
que nous nous sommes tracé
peine perdue pas perdu
ce n'était pas le nôtre
mais nous y sommes déjà
enfoncés coincés poussés
piétinés trop tard impasse
impossible de reculer
le chemin mène à la terre
et la tête froide
nous y entrons

ils mirent des menottes à nos pas
pendant qu'ils
immobilisent nos pieds
immobilisent nos pas
l'horloge sonne le glas
et notre tête résonne
notre tête nue
perdue dans l'enfer
ou le paradis
de nos pas perdus
pour n'importe qui
surtout pour toi
que j'aime et déteste à la fois
qui me fais faire les cents pas
dans la gare des pas perdus
où j'attends que tu sautes
du train en marche
qui s'en va pas à pas déjà
dans le lointain
saute mon amour
viens-t'en dans mes bras
au paradis de mon coeur
au paradis de mon coeur éperdu
qui bat la chamade marque le pas
en t'attendant
dans la gare des pas perdus
où les amoureux du monde
comme toi comme moi
ont rendez-vous
avec leur destinée

tu marches

tu marches sur la corde raide
tu chevauches les mondes
les étoiles sont des univers
en haillons
les soleils
d'extraordinaires
centres d'énergie toi
tu puises tes ressources
dans les galaxies
et ta tête va de découverte
en découvertes
tu parcours le monde
sur un cheval de Troie
à la recherche d'une île
à conquérir sur la nuit
solitaire tu cours sur les flots
ton cheval aime les océans
toujours au triple galop
tu essaies trop de gagner
sur le temps
de prendre le temps
de vitesse
d'arriver avant lui
à la destination première
à l'origine de ton être
tu recules dans le passé
et les générations s'entrechoquent
sous les sabots de ton cheval

qui piétine les siècles
comme des vulgaires limaces
sans laisser de traces
qui avance à reculons
à la vitesse du son
et de la lumière
réunis
mais tu n'as pas fini
de remonter le temps
te voici peut-être à l'aube
des temps
ta course insensée prend fin
ton cheval te jette à terre
et de tes yeux incrédules
tu fixes le commencement
du monde et de la vie

un malheur n'arrive jamais seul

un malheur n'arrive jamais seul
mais s'il arrive
c'est sans crier gare
et accompagné de ses meilleurs
copains
et tout ce beau monde
que nous n'avons pas choisi
vient s'installer
dans notre vie
pour y foutre le bordel
nous mener la vie dure
il nous en fait voir
de toutes les couleurs
dans ce capharnaüm
de fin des temps où un malheur
n'attend pas l'autre
parfois il arrive
que nous soyons renversés par
les événements
et que nous nous couchions
sur le plancher
aussi près du sol
que possible
afin d'éviter
toutes ces épées
qui volent bas
au-dessus de nos têtes
et qui risquent

de nous faire perdre la tête
et puis peut-être
nous enlever
ce que nous avons de plus cher
nous enlever la clé
de notre bonheur
que nous gardons là en clandestin
bien enfoui en nous
tout au fond
à l'abri de l'étrange destin
qui nous submerge

un poète de grand chemin

un poète de grand chemin
dévalise les coeurs
dévalise la vie
il attaque les diligences
armé jusqu'aux dents
court après les trains
libère les prisonniers du destin
embrasse les femmes jolies
il n'en veut pas à votre bourse
c'est le temps qu'il poursuit
le temps de vous dire qu'il vous aime
que c'est pour vous qu'il écrit
ses poèmes à l'eau de rose
et à l'encre de chine
parfumés par le parfum salace
de la vie
le poète de grand chemin
chasse l'ennui
répand des baumes autour de lui
il court après vous pour vous donner
ses écrits
il vous tient à coeur
et veut vous compter
parmi ses lecteurs
le poète de grand chemin
panse les blessures du monde
avec des mots choisis au hasard
de ses chemins de ses accès de vivre

confiez-lui un instant de votre temps
le temps de découvrir
l'univers de la poésie

un soleil immense et quaternaire

un soleil immense et quaternaire
envahit l'espace
au-dessus de nos têtes
et la terre
voit naître le jour
avec lui la lumière
qui éclaire un bref moment
le cheminement
de nos pas dans les dédales
du quotidien
d'où on ne sort pas
si ce n'est
pour affronter
les sables mouvants
du temps qui s'écoulent
entre nos doigts
et bientôt nous submergent

une horloge à une autre

une horloge à une autre
— j'ai la bosse des mathématiques
— c'est pour ça que tu es pleine de tics

une pluie de plomb

une pluie de plomb
s'abat sur les feuilles
et c'est l'automne
en plein été

ventriloque

ventriloque
ventru
poilu aux extrémités
mais chauve
par vocation
désire
rencontrer
l'âme soeur
pour fredaines
mini-jupes
s'abstenir

volcan

un volcan éteint
s'allume une cigarette
et se met à fumer
comme une cheminée
au sein de la terre
la lave endormie
se frotte les yeux
parce que la fumée
l'irrite
se met à bouillonner
de colère
rassemble ses troupes
et part en virée
les poumons du volcan
crachent le feu
et le volcan
qui se croyait endormi
se réveille en sursaut
surprend la population
environnante
les plus grands géologues
accourent sur les lieux
posent un diagnostic judicieux
et recommande
au volcan
d'abandonner la cigarette

ARGENT

crash

j'étais un bon enfant
je suis entré dans le système
parce que le système était roi
je me croyais à l'abri
mais le système s'est brisé
et il nous a tous rejetés
tous ses ressorts se sont cassés
et le système est démantibulé
pour le recréer
il faudra beaucoup de temps
et d'imagination
le système ne marchait
que pour une partie
de la population
celle qui aimait jouer
au casino
pendant que l'autre
se morfondait à trouver de l'eau
à chercher du pain et du riz
à se mettre sous la dent
j'étais un bon enfant
je suis entré dans le système
parce que le système était roi
mais le roi n'est plus
alors vive le roi

décrocheurs

les décrocheurs
ont le nez accroché
aux nuages
ils surplombent le monde
et le voient passer
sans y participer
pour eux
tout est à contester
ils ont commencé
par se contester eux-mêmes
et se sont laissés aller
ils ne se supportent plus
alors le système qu'ils décrient
les supporte les appuie
plus ou moins
dans leur quête d'absolu
où le néant
devient le soleil de leur nuit

dix ans de plus

dix ans de plus
qu'est-ce que c'est
quand on a dix ans de moins

incontinence

le continent Amérique
vit dans l'extravagance
de ses montagnes de fric
qui lui remplissent la panse
pendant que le pauvre monde
attend sa pitance
et fait la ronde
en tendant la main
pour une bouchée de pain
ou une poignée de riz
maudissant le destin
qui l'oblige à mendier
à genoux
souvent à ramper dans la boue
à mordre la poussière
qui lui reste
à se mettre sous la dent
des générations
d'hommes de femmes et d'enfants
sont balayées du revers
dans le grand gouffre
de la consommation suicidaire
leur vie de misères
est consommée
comme de la vulgaire matière
sans aucun respect
pour leur droit au bonheur
tous les petits peuples de la terre

au destin de grisaille
à la bouche toujours en feu
souvent pris entre deux feux
broyés par la mitraille
attendent impuissants
la manifestation de Dieu
qui se tait comme le silence
et les laisse seuls
à se défendre
contre l'injustice
des riches envers les miséreux

j'ai la passion de vivre aujourd'hui

j'ai la passion de vivre
aujourd'hui
qui brûle comme un feu
au dedans de moi
me force à me lever
le matin
à tirer les rideaux
sur le monde
d'en face
qui me laisse voir
s'il fait beau temps
beau temps
mauvais temps
sur mon pays
ma ville
mon coin de quartier
beau temps mauvais temps sur moi
et sur les miens
mes premiers pas
je les fais en chancelant
parce que dans la tête
j'ai tous ces rêves à moitié oubliés
conçus durant la nuit
qui doucement
regagnent leurs nids
d'où ils surgiront
sans doute

au cours des prochaines nuits
au fond de ma boîte crânienne
petite boîte à musique
que je remonte
comme un robot
le jour
à faire des gestes machinaux
inventés par d'autres
pour faire rouler
les billes et les billets
dont dépend
l'économicosystème
dans lequel je suis plongé
sans trop avoir appris
comment nager
je fais ma toilette
et en me brossant les dents
je me fais à moi-même
un sourire entendu
à m'en crever les tympans

je suis un millionnaire

je suis un millionnaire
à la petite cuillère
à toutes les deux semaines
je reçois mon chèque
déjà dépensé d'avance
à la fin de ma vie
j'aurai gagné un million
je serai devenu millionnaire
sans m'en être aperçu
je sortirai au frais
prendre l'air
avec ma canne à pommeau d'or
et mon statut de retraité
fraîchement débarqué
ce sera de bon ton
j'attendrai mon chèque
de pension
je marcherai longtemps
dans les parcs
la barbe blanche de frimas de givre
comme l'hiver
je laisserai la trace fragile
de mes pas dans la neige
je laisserai la trace fragile
de ma vie dans la neige
sur la route d'argile
des pigeons

je vis sous le signe du dollar

je vis sous le signe du dollar
la toute puissante piastre
est mon idole
mes pensées sont faites
de dollars concentrés
mon ciel astral
est constellé de chiffres
et ma carte du ciel
est une carte de crédit
dans mon univers de plastique
j'ai découvert l'infini
des nombres
et je crache sur la poésie
je ne fais plus partie d'ici
je suis un milliardaire
sans compte de banque
sans attache terrestre
avec la pauvreté
je n'ai plus les pieds sur terre
je flotte dans un monde d'éther
je compte tout
même les battements de mon coeur
ma tête est un fouillis
dans lequel je glisse
mon obsession
c'est d'être riche

l'abondance

nous sommes trop bien payés
pour nous suicider
ou nous tuer
à l'ouvrage
alors nous mourons d'ennui
tout simplement

la somme

la somme d'une vie
se retrouve sur notre visage
les moindres chiffres
nous collent à la peau
nous creusent des rides
et des sillons
quand on allume
la machine
effet rétro
elle nous redit notre passé
et l'aiguille usée
en passant par nos
souvenirs
répète les instants inscrits
dans notre peau
et nous revivons
en dedans de nous
la somme de nos gestes
de nos joies et de nos
désespoirs
le passé est si présent
mais l'avenir n'est plus
qu'un vaste trou noir
aussi béant que nos pupilles
pointées dans la nuit
enveloppante

la vie n'a pas de prix

la vie n'a pas de prix
c'est pour cela
qu'elle est si chère

le capital

le capital
étend ses tentacules
sur l'Amérique
bête immense et multiforme
dont l'ombre gagne
les continents
véritable veau d'or
adoré des hommes
des femmes
et trop tôt des enfants
le chaînon présent
entre hier et aujourd'hui
aujourd'hui et demain
jusqu'aux plus lointaines
générations
qui naîtront
dans l'incroyable magma
de la vie
le capital
force vive
de toutes les passions
profonds désirs désillusions
que de larmes
de souffrances de sang
gaspillés en ton nom
le capital a pris racine
sur l'Amérique
et les quatre autres continents

il s'abreuve à même
notre soif de consommation
construit des murs
autour de lui
les banques l'abritent
avec précaution
dans des gratte-ciel
tours de Babel
l'entassent dans
des coffres-forts sans fond
sans lui rien n'existe
il est l'élément moteur
du profit
il fouette l'ambition
l'imagination
et nous amène
à nous dépasser
c'est là le grand succès
de son invention
mais trop souvent
il prend toute la place
plus de tendresse
d'amour d'affection
il reproduit la jungle
en quatre dimensions
le fort lutte contre le faible
mais les faibles sont plus nombreux
c'est là leur force
mais ils marchent l'un contre l'autre
au lieu de se donner la main

538

si ce n'est pour se l'arracher
le mot d'ordre est lancé
les hommes lions et les femmes
tigresses s'en donnent
à coeur joie
se lèchent les babines
le cirque vient
de commencer
sauve qui peut
chacun pour soi
les fauves sont lâchés
place à la foire aux illusions

le printemps se pointe le nez

le printemps se pointe le nez
voici la belle saison
qui commence
le renouveau est dans l'air
et l'hiver sur le marchepied
prêt à s'élancer
dans l'immensité
les jours rallongent
le sol se couvre
de flaques d'eau
où se mirent les enfants
que leurs petits pieds
font clapoter
les mamans sortent
exaspérées
s'essuient à leurs tabliers
c'est déjà l'heure de rentrer
le soleil amusé
reste plus longtemps
ils les aime tous ces petits sacripants
ces va-nu-pieds de ruelles
répartis dans le monde entier
le soleil garde un oeil ouvert sur eux
son travail c'est d'éclairer
de réchauffer
d'allumer des feux de paille
dans le coeur
de toutes ses petites ouailles

qui l'adorent
à genoux reconnaissants
du beau temps doux
qu'il leur donne
gratuitement
les enfants n'ont pas encore
appris à calculer les sous
c'est pourquoi
dans leur ciel
les nuages ne sont
pas souvent au rendez-vous
et leur vie se dépense
sans compter
au fil d'épée des jours
au gré des larmes et des amours

le roulement à billes des billets

le roulement à billes
des billets
fait entendre
son mécanisme ultra secret
et les hommes
coincés entre les coffres-forts
ont perdu
l'espace vital
qui leur revient
la vie est en repli
place à la piastre
et aux porte-monnaie garnis
vivre est une exercice
financier
qui mange toutes nos forces
et arrache celles
des moins nantis
les crève-la-faim
de la terre
revendiquent leurs droits
à l'existence
le coeur sur la main
prêts à le donner
pour une bouchée de pain

les habitants du présent

nous sommes les habitants
du présent
le présent que nous avons reçu
gratuitement
imaginaire légalisé
mensonge à la portée de tous
c'est le réel avec lequel
on joue à la bourse
quelques actions par-ci
quelques actions par-là
nous traversons le présent
comme s'il nous appartenait
pourtant
qu'y a-t-il de moins sûr
que l'instant qui vient
nous le déballons
comme un présent
mais le présent nous ment
il nous a dit que nous étions
jeunes forts et beaux
et tantôt je me regarde
dans la glace
je ne suis plus
celui que j'étais
l'instant d'avant
il y a à peine quelques ans
la calculatrice du temps
nous fait des cadeaux

empoisonnés
les secondes qui s'envolent
ne s'envolent pas
mais s'accrochent à nous
comme des mouches
ou des fausses notes
de musique que nous sommes à jouer
et nous ridons
envers et contre tous
l'instant d'avant
bien enfoui au coeur du présent
comme un cancer
qui grandit
dans notre peau
et nous livre
poings et pieds liés
à notre destin

les lèvres pincées

les lèvres pincées
comme une trappe à sourire
le goût du sanglot
à crever les murs inhabitables
de la violence à fleur de bouche
avec cette main qui te reste
tu joues de l'orgue de barbarie
rue sainte-catherine ouest
trottoir Eaton

le tour de passe-passe

il faut voir où l'on met
ses pas quand on avance
pas à pas
jour après jour
éviter les flaques
d'eau
ne pas glisser
dans la boue
toujours se tenir
debout
quand on marche
à quatre pattes
on ne voit pas plus loin
que son nez
on sent la terre
et la terre sent ce qu'elle sent
le parfum des fleurs
ou le merdier
mieux vaut
ne pas s'y frotter le nez
attendre son tour
avant d'y entrer
laisser passer les autres
par politesse
avancez fainéants
vers votre néant
allez voir
le grand argentier

qui va vous compter
votre existence
faites-lui rapport
à l'impôt
tout le monde y passe
c'est là le tour
de passe-passe

nous sommes tous des petits enfants

nous sommes tous
des petits enfants
attablés à la table de la vie
qui attendons
que notre destin nous soit servi
avec de grands yeux
pleins d'appétit
que se cache-t-il
sous le couvercle
de notre assiette
que quelqu'un dans toute sa science
ou encore par inadvertance
a déposé là
devant nous
et qui contient notre pitance
nos joies nos peines et nos souffrances
notre ration de larmes et de sous
à quel festin de roi
aurons-nous droit
nous les petits
des hommes
les enfants
que l'humanité se donne
de quel côté du monde
le destin nous fera-t-il pencher
serons-nous du côté des riches
ou des puissants ou du côté des pauvres

et des morts-vivants
quelqu'un a manipulé les dés
à notre place
il a pris notre avenir
la couleur de notre peau et le sang de
notre race
entre ses mains de glace
et il nous a fait naître
quelque part sur la terre
au détour des galaxies
dans un petit coin précis
de l'axe de l'espace-temps
il a creusé ce grand trou
dans notre ventre
que nous devons remplir
chaque jour
pour assouvir notre faim
pour pouvoir nous tenir debout
grandir vieillir mourir
marcher vers demain
les yeux rivés sur notre passé
sur ce que nous avons été
la tête pleine de souvenirs ou d'illusions
nous sommes tous
des petits enfants
attablés à la table de la vie
qui attendons
le ventre à l'agonie
que le festin de notre vie
nous soit servi

tout ce que nous savons
c'est que nous avons faim
et que nous en avons assez
d'attendre et d'avoir peur
qu'il n'y en ait pas assez
pour tout le monde
notre tour est venu
notre place il faut la prendre
oublier les déconvenues
et fabriquer notre avenir
avec nos mains menues
nous sommes tous
des petits enfants
attablés à la table de la vie
qui attendons
que notre destin nous soit servi
avec de grands yeux pleins d'appétit
nous sommes tous
des petits enfants
et l'avenir incertain
nous porte sur son coeur

pour un idéal

nous combattions
pour un idéal
nous avons perdu
notre combat
nous avons délaissé
notre idéal
nous combattons
maintenant
pour la simple survie
la jungle a élargi
ses tentacules foliacés
ses ventouses se sont collées
sur chacun d'entre nous
elles aspirent toute notre énergie
elles s'abreuvent à même notre sueur
pliez-vous à la loi du plus fort
l'homme des cavernes
refait surface
mitraillette à la main
une grenade à la place du coeur
la terre sera labourée par les armes
déchirée par les bombes
reconquise dans le sang
mais elle refleurira

quand on n'a pas d'argent

quand on n'a pas d'argent
et qu'on veut être riche
on se couche dans son lit
et puis on rêve

religion

la religion
c'est l'exploitation
de l'homme par Dieu

série de chèques postdatés

ma vie est une longue série
de chèques postdatés
barrières indéfiniment
allongées dans le temps
clôtures qu'il faut
franchir
le portefeuille plein d'élan
et le compte en banque
suffisamment garni
comme une mine
d'or ou d'argent
dans laquelle on puise
sans en connaître
les dessous
aussi frivoles que vous

société

société
créature diabolique
issue des temps quaternaires
tu nous fais émerger
fin du XXe
à l'angle d'un autre
époustouflant millénaire
à bâtir avec ou sans nous
peu importe
les chiffres n'ont pas d'âme
et encore moins de coeur
mais ils cherchent à nous les voler
pour nous rendre semblables à eux
alignés dans des colonnes
d'équations démographiques
traités en nanosecondes
l'ordinateur pèse
notre civilisation
compte nos ressources
mais ne divise jamais
par le nombre de ses habitants

un poète à fleur de peau

un poète à fleur de peau
passe par vallons et coteaux
sa guitare classique
sur le dos
et des mots si étranges et beaux
dans la voix
un poète à fleur de peau
raconte la peine
et la joie des gens
le bonheur est sa devise
dans son sillage
il laisse des frissons
et des coeurs gros
les mots qu'il chante
imitent la brise
et les oiseaux se taisent
pour l'entendre
il s'abreuve aux ruisseaux
boit à la fontaine
quand il a trop chaud
attire les enfants fait oublier
le mauvais temps
il ne travaille pas à l'usine
ni dans les champs
il ne produit que des mots
sa musique ne dure
pas plus longtemps
que le temps

d'un coup de vent
mais le poète à fleur de peau
est heureux et content
il fait ce qu'il aime
mais il ne pourra
le faire longtemps
la machine à s'abreuver
à la force de son sang
lui sape ses vingt ans
et le poète à fleur de peau
se retrouve derrière les barreaux
de son bureau
à jongler avec des chiffres
qui ne lui disent rien
mais une fois dans sa poche
l'aident à vivre
à se payer le gîte et le couvert
le poète à fleur de peau
est rentré dans le rang
sa guitare classique
troquée contre une miche
de pain blanc
l'estomac ne vit pas
que de mots
même si le coeur
en est plein

voilier

les voiles
battent au vent
le voilier
va de l'avant
penché contre l'oreiller
des vagues
et la ouate de l'océan
et l'eau sage s'ouvre
pour le laisser filer
le voilier court
sur les vagues et les moutons
propulsé par l'élément
tel un papillon
au large
toute voilure gonflée
il laisse dans son sillage
des gerbes d'écume
et le pétillant champagne
de sa liberté

y a des jours comme ça

y a des jours
comme ca
où l'on se lève
les deux pieds
dans les plats
les paupières
lourdes à porter
la vie
on le sait déjà
sera difficile
à supporter
mais on n'ose pas
se recoucher
de peur de se mettre
dans de sales draps
la vie le bureau
l'usine nous pressent
il faut aller faire
des sous
pour pouvoir jouer
aussi
avec les machines à sous
de la consommation
qui vous attendent
vous séduisent
et vous obligent
au garde-à-vous
quand votre patron

passe devant vous
surtout ne l'accusez pas
il porte sa croix
comme vous
il a son banquier
à rencontrer
qui compte
sur chacun d'entre nous
qui passe le chapeau
et ramasse son capital
son intérêt
c'est d'avoir votre peau
pour la mettre
dans son coffre
et puis quand il l'aura
il fera une croix
sur vous
et votre prochain rendez-vous
à l'agenda de sa banque
les coffres
ne sont pas assez grands
pour tout contenir
ce qu'il y a
à y mettre dedans
c'est pour cela
qu'on vous prend
toutes vos dents
une après l'autre
mon fils vous le dira

INDEX GÉNÉRAL
DES POÈMES

TABLE DES POÈMES — SANTÉ

TABLE DES POÈMES — PAIX

TABLE DES POÈMES — AMOUR

576

TABLE DES POÈMES — INTELLIGENCE

TABLE DES POÈMES —ARGENT

SPAIA

Il est possible de se procurer sous forme d'affiches-poèmes
les textes paraissant dans ce recueil. Il suffit d'en faire la
demande par écrit aux Éditions pour tous, 2860 Croissant de
la Marquise, Brossard (Québec) J4Y 1P4
676-8770 et de préciser le numéro du poème de même que la
page d'où il a été tiré.

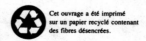 Cet ouvrage a été imprimé
sur un papier recyclé contenant
des fibres désencrées.

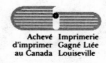

Achevé   Imprimerie
d'imprimer Gagné Ltée
au Canada Louiseville